培根数学：
培养学生数学核心素养的关键研究

陈 岚 ◎ 著

吉林出版集团股份有限公司
全国百佳图书出版单位

图书在版编目（CIP）数据

培根数学：培养学生数学核心素养的关键研究 / 陈岚著. -- 长春：吉林出版集团股份有限公司，2024.4
ISBN 978-7-5731-4994-7

Ⅰ.①培… Ⅱ.①陈… Ⅲ.①小学数学课－教学理论 Ⅳ.①G623.502

中国国家版本馆CIP数据核字(2024)第095214号

PEIGEN SHUXUE：PEIYANG XUESHENG SHUXUE HEXIN SUYANG DE GUANJIAN YANJIU

培根数学：培养学生数学核心素养的关键研究

著　　者	陈　岚
责任编辑	田　璐
装帧设计	朱秋丽
出　　版	吉林出版集团股份有限公司
发　　行	吉林出版集团青少年书刊发行有限公司
地　　址	吉林省长春市福祉大路5788号（130118）
电　　话	0431-81629808
印　　刷	北京昌联印刷有限公司
版　　次	2024年4月第1版
印　　次	2024年4月第1次印刷
开　　本	787 mm×1092 mm　1/16
印　　张	10
字　　数	167千字
书　　号	ISBN 978-7-5731-4994-7
定　　价	76.00元

版权所有·翻印必究

前　言

　　数学作为一门基础学科，对培养学生的逻辑思维、解决问题能力以及创新意识具有不可忽视的作用。小学阶段是学生数学学科的起步阶段，培养学生的数学核心素养正是在这一阶段展开的。

　　在小学培养学生数学核心素养的过程中，我们要注重培养学生的数学思维能力，通过各种有趣而贴近实际的问题，引导学生灵活运用所学的数学知识进行分析和解决。数学不是一种抽象的概念，而是与学生日常生活密切相关的工具。通过这种方式，我们旨在激发学生对数学学科的兴趣，培养他们主动学习的习惯，以及勇于面对和解决数学难题的勇气。

　　本书注重培养学生的团队合作精神。数学往往需要通过合作和讨论来寻找解决问题的方法。通过小组活动和互动式教学，我们希望学生在解决问题的过程中培养团队协作的意识，学会与他人共同思考、共同解决问题。

　　本书强调数学知识的渗透性和应用性。我们通过丰富多样的实际案例和场景，让学生将所学的数学知识与实际生活相结合，从而更好地理解和应用所学的知识。这种联系实际的学习方式可以帮助学生更深层次地理解数学的本质，使他们能够在日常生活中运用数学解决实际问题。

目 录

第一章 培根数学概述 ·· 1
第一节 培根数学概念的确立 ·· 1
第二节 培根数学的研究价值与定位 ·································· 8

第二章 小学数学核心素养与数学核心问题 ······························ 19
第一节 小学数学核心素养分析 ······································ 19
第二节 怎样落实小学数学核心素养 ·································· 43
第三节 数学核心问题提升核心素养的逻辑关联 ························ 51

第三章 培根数学的实践策略 ·· 58
第一节 扎根数学根源　培养数学眼光 ································ 58
第二节 夯实数学根基　培养数学思维 ································ 63

第四章 助推培根数学的教学法研究 ···································· 69
第一节 "生问课堂"生成数学本质问题 ································ 69
第二节 "学讲课堂"促进数学素养发展 ································ 77
第三节 "情境课堂"提升数学育人价值 ································ 81

第五章 培根数学课例举隅 ·· 85
第一节 数与代数领域中的培根案例 ·································· 85
第二节 图形与几何领域中的培根案例 ································ 95
第三节 统计与概率领域中的培根案例 ································ 106
第四节 综合与实践领域中的培根案例 ································ 116

第六章 培根数学的评价 ·· 126
第一节 评估培根数学的工具 ·· 126
第二节 培根数学评估结果的应用与分析 ·· 131

第七章 培根数学的未来趋势 ·· 138
第一节 基于核心素养培根数学的教学建议 ·· 138
第二节 未来数学教育中培根数学的展望 ·· 146

参考文献 ·· 151

第一章　培根数学概述

小学培根数学在学生学业生涯中扮演着至关重要的角色，其意义不仅仅体现为传授数学知识，更在于构建学生数学思维的基础。数学不仅是一门学科，也是一种思维方式和解决问题的工具。通过小学培根数学，我们旨在为学生打造一个坚实的认知基石，让他们在未来的学习和生活中能够灵活运用数学思维，培养逻辑思考、问题解决和创新的能力。在这个过程中，学生将逐渐领悟到数学的普适性和实用性，为未来更高层次的学科学习奠定坚实的基础。

第一节　培根数学概念的确立

在小学培根数学领域，概念的确立是学生数学学科发展中的关键步骤。这一阶段的数学教育不仅仅是简单地传授算法和公式，更重要的是帮助学生建立坚实的数学基础和概念体系。通过系统性的教学和学习体验，学生在小学培根数学中逐渐确立数学的核心概念，为未来深入学科打下坚实的基础。

小学培根数学概念的确立是学生在数学学科中逐渐形成和理解基本数学概念的过程。这一阶段的数学教育旨在培养学生对数学的兴趣、理解和应用能力。

一、引导学生建立数学思维

小学培根数学教育的首要任务是引导学生建立数学思维模式。通过问题解决、探究性学习和实际应用，学生逐渐形成对数学的直观感受，并开始运用数学思维解决简单问题。

在小学培根数学教育中，问题解决被视为培养学生数学思维的关键手段。通过向学生提出具体问题，教师引导学生运用已有的数学知识和技能去思考、分析并找出解决问题的途径。这一过程使学生在实际情境中感受到数学的应用和实用性。小学培根数学注重采用探究性学习的方式。学生通过自主、探索性地学习，参与到解决问题的过程中。这可以培养学生的主动学习意识，激发他们对数学的兴趣，并培养解决问题的能力。小学培根数学教育将数学与实际生活情境相结合。学生在解决问题的过程中，往往需要运用数学思维来应对现实生活中的具体挑战。通过这样的实际应用，学生能够更直观地体会到数学在解决问题中的实际效用。在引导学生建立数学思维模式的过程中，注重培养学生对数学的直观感受。这包括通过图形、实物模型等直观化的手段，让学生更好地理解数学概念，从而形成深刻而有趣的数学思考。

小学培根数学教育的目标之一是使学生能够运用数学思维解决简单问题。通过训练，学生逐渐具备使用数学语言和方法来分析和解决问题的能力，这是数学思维模式建立的重要体现。在引导学生解决问题的过程中，鼓励学生尝试不同的解题方法。这可以培养灵活性思维，使学生不仅能够运用特定的算法，还能够灵活运用数学概念来解决各种问题。小学培根数学教育通过问题解决的方式培养学生的问题意识。学生在面对问题时学会提问、探索，并逐渐形成主动解决问题的态度，是数学思维模式形成的重要前提。

小学培根数学教育致力于使学生在解决问题的过程中逐渐建立起数学思维的模式，从而为他们未来更深入的数学学习和实际应用奠定坚实的基础。

二、数学基本概念的介绍

学生在小学培根数学中被引导认识和理解基本的数学概念，如数字、数量关系、加法、减法、乘法、除法等。教师通过生动的教学方式，使这些概念变得具体而实际，可以帮助学生建立对数学基础概念的直观认识。

教师首先引入数字的概念，通过展示数字的符号、数值以及它们在日常生活中的应用，让学生初步了解数字的基本概念。例如，通过展示数字卡片、手指、物体数量等方式，使学生对数字有直观的感受。

学生在小学培根数学中被鼓励通过实物和图形来探索数量关系。例如，通过比较物体的大小、数量，学生能够理解多和少的概念。这样的活动帮助学生建立数量关系的直观认识。加法和减法是小学数学中的基本运算，教师通过生动的教学方式，如数学游戏、实际场景模拟等，让学生感受到加法是增加的过程，减法是减少的过程。教师通过实际的物品、图形呈现，使学生理解这两个概念的实际意义。乘法和除法的概念可以通过实际场景和问题呈现。例如，通过分组物品或模拟分配问题，让学生体会到乘法是重复加法的过程，除法是平均分配的过程。这样的实际应用帮助学生更好地理解这两个概念。小学培根数学教育中常使用具体的教具和图形化手段来帮助学生理解概念。例如，使用算盘、数字卡片、图形图表等工具，让学生通过实物和图形来直观感受数学概念，使抽象的数学概念更具体。学生通过实际活动中的数学体验，如购物、分组、测量等，将抽象的概念与实际生活相联系，从而更好地理解数学的实际应用和意义。这种实际体验可以建立学生对数学概念的直观认识。提出需要解决的问题和教学游戏，激发学生对数学的兴趣。这样的活动不仅能让学生参与到有趣的数学活动中，同时也促使他们更主动地探索、理解和应用数学概念。

小学培根数学教育致力于使学生在轻松而生动的学习环境中，通过直观的实际体验，逐渐认识和理解基本的数学概念。这种直观的学习方式可以建立学生对数学基础概念的牢固认知，为未来更深入的数学学习奠定坚实的基础。

三、实际问题的运用

通过将数学与实际生活问题相结合，学生在小学培根数学中开始认识到数学的实际应用。例如，通过购物、分配物品、计算时间等实际场景，学生能够体验到数学在日常生活中的重要性，从而更深刻地理解数学概念。

在购物场景中，学生能够学习到基本的数学运算，如加法和减法。通过制定购物清单、计算商品总价、找零等活动，学生能够将数学运用到实际中，理解数学在日常购物中的实际应用。通过分配物品的实际活动，学生可以学到数量关系和分组的概念。例如，将一堆物品平均分配给学生，让学生计算每人分得的数量，培养他们对数学概念的理解和运用能力。计算时间是小学数学中的一个基本内容，通过实际场景的时间计算问题,学生能更好地理解时钟的概念、学会读懂日历等。例如,计算活动的持续时间、规划一天的时间安排等,让学生在实际应用中体验时间的概念。提出一些与实际生活相关的问题,让学生运用所学数学知识进行解决。例如,如果有一定的预算,学生需要在购物清单上选择商品,使得总花费不超过预算,这样的问题让学生将数学概念融入实际决策中。利用数字化工具,如计算器或学习应用,计算实际问题。这可以帮助学生熟练地使用数字工具解决日常生活中的数学问题,同时培养他们对数字化工具的合理应用。小组活动能让学生一同解决一些实际问题,培养团队协作精神。例如,分组计划一个活动的时间表,让学生共同商讨和解决时间、数量等方面的数学问题。

通过这些实际场景的应用,学生在小学培根数学中能够更好地理解数学的实际应用,使抽象的数学概念更加具体化。这种有趣而贴近生活的教学方式不仅增强了学生对数学学科的兴趣,同时也培养了他们将数学知识应用于实际问题解决的能力。在小学阶段,这样的实际应用教学方法为学生打下了深厚的数学基础,为未来更复杂的数学学科学习奠定了基础。

四、数学符号和表达的初步学习

学生逐步学习和掌握了数学中的符号和表达方式,包括数字的书写、简单的数学符号的认识,以及通过文字和符号的结合来描述数学关系。这一过程可以帮助学生逐渐进入抽象数学思维的层次。

学生开始学习数字的书写和认知。在小学培根数学中,教师通过教授学生如何正确地书写数字,强调每个数字的形状和排列规律。这既包括整数也包括小数,为学生建立数字概念奠定基础。学生随后引入简单的数学符号,如加号、减号、乘号和除号等。通过教学活动,学生开始理解这些符号代表不同的数学操作。例如,教师可以通过实物或图形演示加法和减法的概念,帮助学生将符号与实际数学操作联系起来。随着对数字和基本符号的熟悉,学生逐渐学会如何将文字与符号结合,以描述数学关系,包括学习如何用字母表示未知数,并通过等式或不等式来表达数学关系。例如,学生可以学会用字母代表某个数,形成简单的代数表达式。学生开始学习数学表达式和方程,这是数学语言中更为抽象和复杂的形式。教师通过展示和解释简单的数学表达式,可以让学生理解方程中的各个部分代表什么,并学会解方程的基本方法。在学习符号和表达方式的过程中,学生还需要学会解读和使用图形和图表,包括理解坐标轴上的刻度、图表中的趋势和关系等。例如,学生可以学会阅读简单的柱状图、折线图,并将其与相应的数学概念联系起来。学生逐渐进入解决文字问题的阶段,这要求他们能够将自然语言中的问题翻译成数学符号和表达式。通过解决这些问题,学生不仅巩固了对符号的认识,还培养了运用数学语言解决实际问题的能力。最终,学生应该能够使用数学语言有效地沟通和表达思想,包括书写清晰的数学证明、解释数学概念的能力,以及能够与同学和教师讨论数学问题。

逐步学习和掌握数字、符号和表达方式,学生在小学培根数学中建立了对数学语言的深刻理解。这一过程为学生打开了通向更高层次数学思维的大门,使他们能够更自如地操作和理解抽象的数学概念,为将来更深入的数学学习打下了坚实的基础。

五、启发性问题和数学游戏

小学培根数学教育强调通过启发性问题和数学游戏来培养学生的兴趣。这种方式不仅激发了学生学习数学的热情,还帮助他们在解决问题和玩乐中建立了数学概念。

在教学中提出引人入胜的启发性问题是激发学生兴趣的一种有效方法。这些问题涉及实际生活中的情境,挑战学生的思维,让他们主动思考和探索解决问题的方法。例如,可以提出日常中的测量问题、分配问题或者简单的逻辑谜题,激发学生主动思考数学的应用。制定有趣的数学游戏是培养学生兴趣的另一种创新方式。数学游戏可以是板游、卡片游戏,或者是使用数字和符号的互动游戏。通过游戏,学生可以在轻松的氛围中学习数学概念,同时培养团队协作和竞争意识。

将数学与实际生活问题相结合的教学方式,通过实际应用问题的探究,能够使学生看到数学在解决实际问题中的实际价值。这种情境化的教学方法使学生更容易理解数学的实际应用,从而提高学习的动力。教师设计数学探险活动,让学生通过探索和发现的方式学习数学概念，可以是户外活动，如测量校园中不同地点的距离，或者是室内活动，如通过简单的实验了解几何形状的性质。提供个性化的数学挑战，以满足不同学生的学习需求。有些学生可能对复杂的问题感兴趣，而有些学生可能对简单的问题感兴趣。个性化设计可以激发每个学生的学习热情。编写数学故事或添加趣味插图，使数学更具有趣味性。将抽象的数学概念融入生动有趣的情节中，能够激发学生的好奇心，使他们更愿意投入学习。鼓励学生参与集体解决问题的活动，可以是小组讨论或班级比赛，通过集思广益的方式培养学生的合作精神，共同解决数学难题。

这种富有趣味性和启发性的教学方式，不仅使学生在小学培根数学中培养对数学的浓厚兴趣，还能够在实际问题的解决和数学游戏的乐趣中建立坚实的数学基础。

六、多样化的教学资源和方法

为了满足不同学生的学习风格，小学培根数学教育采用多样化的教学资源和方法，包括图形化的教材、数字化学习工具、实物模型等，使学生从不同角度感知和理解数学概念。

使用图形化的教材是培根数学教育的有效方式之一。图形、图表和插图可以帮助学生更直观地理解抽象的数学概念。例如，使用色彩鲜艳的图表展示数字关系，或通过绘制几何形状来帮助学生理解几何概念，使学习过程更生动有趣。利用实物模型和教具帮助学生直观地感知数学概念。例如，使用具体的数学玩具来教授加减法，或者通过几何模型让学生触摸和感受几何形状。这样的实物模型可以使抽象的数学概念更具体化，满足学生的实际感知需求。整合多媒体资源，包括图像、声频和视频，以提供更丰富的学习体验。观看数学动画、听取解释性声频，学生可以通过不同的感官渠道更加全面地理解数学概念，这对视觉或听觉学习者特别有效。制订个性化的学习计划，根据学生的学习风格和能力水平提供定制化的教育资源。一些学生喜欢通过游戏学习，而另一些学生更倾向于使用数字化工具。个性化的学习计划可以满足不同学生的需求，提高他们的学习效果。小组合作学习能够鼓励学生相互交流和合作。在小组中，学生可以使用不同的教学资源和方法，互相分享理解和解决问题的策略，从而扩展对数学概念的理解。实践性活动能让学生如实地考查、解决实际问题等，使学生在真实环境中应用数学知识。这种实践性的学习方式可以让学生更深入地理解数学的实际应用，并将抽象概念与实际生活联系起来。

通过多样化的教学资源和方法，小学培根数学教育为不同学生提供了丰富多彩的学习体验。这样的多元化教学不仅满足了学生的个性化学习需求，也激发了他们对数学学科的兴趣，使学习过程更加有趣和有深度。

七、关注学生个体差异

小学培根数学概念的确立，注重关注学生个体差异，采用差异化的教学策略。这可以帮助每个学生根据自身发展水平，逐步建立对数学的认识，确保每位学生都能在适合自己发展的轨道上前进。

制订个性化的学习计划，根据每个学生的学习风格、兴趣和能力水平进行调整。了解每位学生的个体差异，设计个性化的学习路径，使他们在适合自己的节奏下学习数学概念。使用灵活多样的教学方法，以满足不同学生的学习需求。一些学生适应视觉化的学习，而另一些学生更擅长通过实践性活动的学习。采用不同的教学方法，让每个学生都能找到适合自己的学习方式。不同难度的任务能确保每个学生都能够在适应性的环境中学习。有些学生需要简单的任务来建立基础，而有一些学生需要更具挑战性的任务来保持兴趣。鼓励小组合作学习，让学生能够互相学习和支持。在小组中，学生可以互相补充，分享不同的学习策略，更好地理解数学概念。定期进行学生评估，了解每个学生的学习水平和个体需求。提供及时而具体的反馈，帮助学生认识到自己的进步，并指导他们未来的学习。

允许学生在一定范围内自主选择学习进度，确保他们在适当的时间内掌握数学概念。有些学生需要更多的时间来消化信息，而有些学生能够更快地前进。在教学中考虑到学生的情感需求，创造一个支持性和包容性的学习环境，可以提高他们对数学学科的积极态度。通过差异化的教学策略，小学培根数学教育可以更好地适应学生的个体差异，确保每个学生都能够在积极、充满鼓励的学习环境中提高自己的数学认知。这种个性化的教学方法不仅提高了学生的学业表现，也培养了他们对数学学科的信心和兴趣。小学培根数学概念的确立是一个系统性、渐进性的学习过程。通过这个阶段的培养，学生在数学学科中逐渐建立对基本概念的认知和理解，为未来更深入的数学学习奠定坚实的基础。

第二节 培根数学的研究价值与定位

在当今社会，数学作为一门基础学科，扮演着不可替代的角色。小学培根数学研究的价值显而易见：它不仅关注学生建立坚实的数学基础，更强调培养学生在实际生活中灵活运用数学知识的能力。这一研究领域的定位在于深入挖掘数学学科的本质，为学生提供全面的数学学习体验，从而为其未来更高层次的数学学科学习打下坚实的基础。通过关注学科的内在逻辑和学生的个体差异，小学培根数学的研究旨在促使学生在数学领域展现出更为独立、创新和实用的能力，为其未来的学业和职业生涯奠定坚实的基础。

一、基础学科建设

（一）价值

小学培根数学的研究首要目标是为学生奠定扎实的数学基础。数学作为一门基础学科，为后续学习其他学科提供了重要的支持，具有深远的价值。培养学生对数字、数量关系、几何形状等基本数学概念的理解，为其未来数学学科学习打下坚实的基础。

数学作为一门基础学科，贯穿各个学科领域。通过小学培根数学的学习，学生不仅掌握了数学知识，还培养了对数字和数量关系的敏感性，为他们更好地理解和应用其他学科的知识奠定了基础，提升了跨学科的学习能力。

培根数学的学习过程注重培养学生的逻辑思考和问题解决能力。这种能力不仅在数学学科中具有重要作用，同时也为学生在其他学科和实际生活中面对各种问题提供了强大的认知工具。

培根数学的研究旨在培养学生的数学思维，使其在解决问题时能够更加灵活地运用数学知识。这种数学思维模式的培养为学生在数学学科和其他学科中思考和解决问题提供了框架。

数学基础是学生获取数字技能和信息化能力的前提。小学培根数学的学习为学生提供了数字时代所需的关键技能，使他们能够更好地适应未来社会的发展趋势。

通过致力于为学生奠定扎实的数学基础，小学培根数学的研究在培养学生全面素养的同时，也为他们未来学科学习和职业发展提供了坚实的基础。这种基础不仅仅是知识储备，更是学生思维模式和解决问题的能力。

（二）定位

培根数学着眼于构建完整而有机的数学学科结构，使学生在小学阶段就能够逐步建立对数学的整体认知。

小学培根数学的研究致力于系统构建数学的基础概念，包括数字、数量关系、几何形状等。培根数学通过逐步引导学生认识基础概念，建立它们之间的联系，使学生能够理解数学的基础框架。

研究者构建完整的数学学科结构，注重将数学的各个分支有机地整合起来，使学生能够看到数学的内在联系。通过整合算术、代数、几何等不同分支，学生能够更加清晰地了解数学学科的全貌，为未来深入不同数学领域提供有力的支持。

培根数学的定位强调数学思维的培养，使学生不仅能够掌握零散的数学知识，更能够理解数学的思维模式，通过引导学生运用数学思维解决问题，培养他们的逻辑推理和抽象思维能力，为更高层次的数学学科学习打下坚实的基础。

定位于构建完整的数学学科结构，研究者注重实际应用与抽象概念的平衡，通过将数学与实际生活问题相结合，使学生在抽象概念的学习中体验数学在实际生活中的应用，促使他们更深刻地理解数学的实质。

小学培根数学的定位强调通过问题解决来培养学生的数学能力。学生在解决问题的过程中不仅能学习具体的数学知识，还能培养分析问题、解决问题的能力。

定位于构建完整而有机的数学学科结构，研究者注重通过启发性问题、数学游戏等方式引导学生对数学产生兴趣和好奇心。激发学生对数学的热情可以帮助他们更主动地学习数学知识，为更高层次的数学学科学习奠定积极的心理基础。

通过这样的定位，小学培根数学的研究旨在使学生在初中、高中等更高层次的数学学科学习中能够更加得心应手，更深刻地理解和应用数学的各个方面。这种整体性的认知可以培养学生对数学学科的长久兴趣，并为他们未来的数学学科发展奠定坚实的基础。

二、数学思维的培养

（一）价值

小学培根数学研究致力于培养学生的数学思维，包括逻辑推理、问题解决和抽象思维能力。这些思维方式不仅在数学学科中发挥作用，也对学生在其他学科和日常生活中的思考方式产生积极的影响。

逻辑推理是数学学科中至关重要的思维方式之一。培根数学的研究通过训练逻辑推理，不仅提高了学生在数学学科中解题的能力，还为他们更高阶段的数学学科学习打下了坚实的基础。问题解决是数学学科的核心内容之一。培养学生解决各种数学问题的能力，不仅增强了他们在数学学科中的应对能力，也培养了在其他学科和实际生活中解决问题的能力。数学以抽象思维为基础，通过培养学生对抽象概念的理解，不仅可以帮助他们更好地理解数学学科的理论体系，也为将来学习其他抽象概念的学科奠定了基础。

通过培养逻辑推理能力，学生不仅在数学中受益，也在语言学科中受益。他们会更具条理性，能够清晰地表达自己的思想，提高其在语言学科中的沟通能力。培养问题解决技能使学生在科学学科中更具实验和探究的精神。他们能够主动提出问题、设计实验，提高其在科学领域中进行研究的能力。抽象思维的培养可以帮助学生更好地理解哲学和社会学等学科中的抽象概念，加深他们对社会和人类行为的理解。

通过解决问题技能的培养，学生在日常生活中更具解决实际问题的能力，如在购物、制订计划、时间管理等方面更加得心应手。逻辑推理能力使学生在面对各种决策时更有条理，更容易做出明智的决策，这在日常生活中尤为重要。抽象思维的培养可以帮助学生在日常生活中更具创新意识和创造力，促使他们更加开拓和富有想象力。

小学培根数学的研究所培养的数学思维方式不仅在数学学科中具有重要价值，而且对学生在其他学科和日常生活中的思考方式产生了深远而积极的影响，为其全面发展提供了有力的支持。这种综合性的思维培养是小学培根数学研究的重要价值。

（二）定位

培根数学通过引导学生从小学阶段就建立起数学思维的基础，使其在面对复杂问题时能够更灵活、深入地思考，并培养其对挑战的积极态度。

从小学开始培养数学思维，可以帮助学生在面对数学问题时形成灵活深入的思考模式。通过引导解决不同难度的数学问题，学生逐步培养了处理抽象概念和复杂逻辑的能力，为未来更高层次的学科学习打下坚实的基础。

通过面对各类数学问题，学生在小学阶段就学会了正面迎接挑战。这可以培养他们对于困难的积极态度，使他们在面对新的概念和问题时更具有自信心和解决问题的勇气。

数学思维的培养不仅仅局限于学科内的问题解决，还涉及解决实际生活中的问题。通过将数学知识与实际情境相结合，学生在小学阶段就能够运用数学思维解决日常生活中的实际问题，培养了解决实际问题的能力。

通过引导学生建立起数学思维的基础，可以为他们更高层次的学科学习奠定坚实的基础。数学思维的灵活运用使得学生更容易理解和掌握其他学科的抽象概念，促进跨学科的学习。

从小学开始培养数学思维，可以激发学生的创新和探究精神。在面对问题时，学生通过灵活思考和深入挖掘，培养了自己对新鲜事物的好奇心和探究欲望，为未来创新性思维的发展奠定了基础。

系统的数学思维训练使学生逐渐形成系统的思考模式，这种模式不仅对数学学科的理解和应用有益，也为学生未来面对各种学科问题提供了有条理的思考方式。

建立数学思维基础可以培养学生的学习主动性。通过解决各类数学问题，学生逐渐养成了主动学习、主动思考的习惯，为其未来学习和职业生涯中的自主发展奠定了基础。

小学培根数学通过引导学生从小学阶段就建立起数学思维的基础，不仅培养了学生对数学学科的深刻理解，还为他们未来学科学习和实际生活中的思考方式提供了强大的支持。这种定位的核心是在培养数学思维的同时，也为学生全面发展和未来学习打下坚实的基础。

三、实际应用能力的培养

（一）价值

小学培根数学的研究注重将数学知识与实际生活相结合，培养学生在实际情境中运用数学的能力。这可以帮助学生更好地理解数学的实用性，增强他们解决实际问题的信心和能力。

通过将数学知识融入实际生活情境，学生更容易理解数学的实际应用价值。这可以激发学生对数学学科的兴趣，使他们认识到数学不仅仅是学科知识，更是解决实际问题和应对日常挑战的实用工具。

将数学应用于实际情境中，培养了学生在解决实际问题时的信心。通过实际运用数学知识解决日常生活中的问题，学生逐渐建立了解决实际问题能力的信心，提高了对数学的积极态度。

将数学与实际情境结合，培养学生解决实际问题的能力。这种实践性的学习方法不仅可以帮助学生更好地理解和应用数学概念，还使他们能够更灵活、有效地解决实际生活中的各种问题。

将数学知识贴近实际，使学生更容易看到数学在日常生活中的实际运用。这不仅激发了学生学习数学的动机，还增强了学生对数学的兴趣，使他们更愿意主动学习数学。

数学知识与实际生活的结合可以促进跨学科的整合。学生在实际问题中需要综合运用数学知识，这培养了他们将数学与其他学科知识整合运用的能力，提升了综合素养。

将数学与实际情境相结合，可以激发学生的创新思维。学生在实际情境中需要灵活运用数学知识解决问题，这培养了他们在面对新情境时提出创新解决方案的能力。

将数学与实际生活相结合,提高了学生解决实际问题的能力。实际运用数学知识解决问题,使学生更具实践经验,为他们未来应对各种挑战提供了准备。

小学培根数学的研究注重将数学知识与实际生活相结合,不仅可以帮助学生更好地理解数学的实用性,还增强了他们解决实际问题的信心和能力,为他们的全面发展和未来学科学习提供了有力的价值支持。

(二)定位

在小学阶段强调数学的实际应用,学生能够更早地认识到数学在不同职业领域中的重要性。这种认识可以帮助学生更早地确定个人兴趣和职业方向,并为未来选择职业提供更加明晰的方向。

在日常生活中运用数学知识解决问题,培养学生解决问题的能力。这样的训练使学生能够更加灵活、理性地应对生活和工作中的各种挑战,为未来的职业生涯奠定了实际技能基础。

让学生在日常生活中了解数学的实际应用,可以培养他们更积极主动地参与社会事务的能力。这种参与不仅包括职业领域,还包括社区服务、公民责任等方面,使学生成为更全面发展的社会成员。

在小学阶段学习实际应用的数学知识,学生可以更好地理解和应用金融管理、时间管理等方面的概念。这可以培养他们在未来生活中更有效地管理个人资源和具备应对日常挑战的能力。

让学生在小学时期就认识到数学在实际应用中的创新性,可以培养他们的创新思维。这种思维方式在未来的职业生涯中具有重要价值,能够使他们更好地适应社会和职业领域的不断变化。

较早认识到数学的实际应用可以提高学生的数字素养。数字素养是现代社会所需的一种基本技能,能够使学生更好地适应信息化时代的发展趋势,并更灵活地处理数字信息。

在解决实际问题时,学生需要与他人协作。这可以培养团队协作的能力,为未来职业和社会生活中的团队工作提供实际经验。

认识到数学在科学、技术、工程和数学领域的广泛应用，为学生提供了更好地适应未来职业技术需求的机会。这对于进入科技和工程等领域的学生尤为重要。

使学生在小学阶段就能够在日常生活中认识到数学的实际应用，可以为他们未来的职业和社会生活做好充分的准备，培养出更具实际技能和适应性的个体。

四、个性化学习和差异化教育

（一）价值

小学培根数学的研究关注学生的个体差异，致力于设计差异化的教学策略。这可以满足每个学生的学习需求，确保每位学生都能在适合自己发展水平的轨道上前进。

学生的学习风格因人而异，有些偏向视觉学习，有些喜欢听觉学习，而有些则倾向于实践学习。通过差异化的教学策略，能够满足不同学生的学习风格，提高他们的学习兴趣和主动性。

每个学生的学习速度和理解能力有所不同。差异化教学能够提供更个性化的学习支持，使每个学生都能在适合自己发展水平的轨道上前进，不被课程内容过快或过慢所束缚。

学生在数学学科中的认知水平存在差异，有些学生更擅长抽象思维，而有些学生则更偏向具体操作。差异化教学可以帮助学生解决这种学科认知差异，提供多样化的学习路径，让每位学生都能找到适合自己的学习方式。

差异化教学能够更好地应对学习障碍。根据学生的学习特点调整教学方式，可以使其克服学习障碍，提高其学科成绩和自信心。

差异化教学鼓励学生在一定范围内选择适合自己的学习内容和方式，从而培养他们的自主学习能力。这不仅提高了学生的学科素养，还可以帮助他们在未来面对新问题时更具应变力。

考虑到学生的个体差异，教育者可以更精准地设计教学内容和方法，提高教学效果。差异化教学可以减少学生的学科差距，使整个班级的学习水平更为均衡。

差异化教学也包括在学生之间促进合作和互助。这可以培养团队协作精神，使学生在团队中共同努力、互相学习、共同提高。

差异化教学强调个体差异的重要性和教育环境的包容性。每个学生都能在尊重差异的氛围中学习，提高整体教育的质量。

小学培根数学的研究关注学生的个体差异，通过差异化的教学策略，为每个学生提供更加贴合其个体需求的学习体验，使其在适合自己发展水平的轨道上取得更好的学习成果。

（二）定位

从个体差异出发，制订个性化的学习计划是小学培根数学研究的核心定位，其主要目的在于创造积极的学习环境，促使每位学生都能在数学学科中实现个体差异化的认知发展。

个性化学习计划是根据每位学生的独特特点，包括兴趣、学科水平、学科认知能力等，量身定制的学习计划，以满足其个体差异化的学习需求。通过这一定位，着眼于创造积极的学习环境，为学生提供更有针对性和个性化的学习支持。

个体差异是学生在认知、兴趣、学科能力等方面的独特表现。认识到这些差异对于提高教学效果至关重要。通过深入了解每位学生的个体差异，教育者能够更好地把握学生的学科状态，调整教学策略，使教学更加贴近学生的实际需求。

学习计划应具有灵活性，能够根据学生的学科表现和进步情况进行调整，确保计划的实时适应性。每个学生都需要被理解和关心。个性化的学习计划应该注重关怀，建立积极的师生关系，以激发学生的学科兴趣和参与度。学习计划的目标要明确，既要考虑学科知识的掌握，也要关注学生在学科学习中的个体成长和发展。

通过制订个性化的学习计划，创造了积极的学习环境，使每位学生都能够在符合其认知水平和学科能力的情境中学习。这样的学习环境可以培养学生对数学学科的积极态度，提高他们的学科参与度和自信心。

个性化的学习计划致力于培养学生的个体认知，使其在数学学科中更好地发展。通过关注个体差异，教育者可以更精准地引导学生充分利用其擅长的学科，提高学科认知水平，并在积极的学习环境中实现数学认知的个体化发展。

从个体差异出发，制订个性化的学习计划，小学培根数学研究旨在创造积极的学习环境，让每位学生在个体认知方面得到更好的发展，为其数学学科的长远发展奠定基础。这一定位可以提升学生的学科表现和整体学习体验。

五、社会发展需求的应对

（一）价值

小学培根数学的研究密切关注社会对数学素养的需求，迎合当代社会的发展趋势。社会对具备数学实际应用能力和解决问题能力的人才的需求不断增长，小学培根数学的研究旨在使学生更好地适应未来社会的挑战。

小学培根数学研究的核心价值之一是培养学生数学实际应用能力。数学研究应用广泛，无论是在科学、工程、经济还是其他领域，实际问题的解决往往需要具备坚实数学基础的人才。通过注重数学概念与实际问题相结合的教学方法，小学培根数学研究使学生能够更好地应用数学知识解决实际生活中的问题，为未来社会的需求培养有实际应用能力的人才。

随着社会对具有解决问题能力的人才的需求日益增长。小学培根数学的研究通过强调探究性学习、解决问题和实际应用，培养学生解决问题的能力。学生在解决各种数学问题的过程中，不仅巩固了数学知识，还培养了分析问题、提出解决方案的能力，为其未来更高层次的学科学习和社会参与打下基础。

随着社会的发展，未来对人才的要求将更加注重综合素养，而数学素养作为其中重要的组成部分，将对个体的综合素质提出更高要求。小学培根数学的研究旨在使学生具备更全面、更实用的数学素养，帮助他们更好地应对未来社会的挑战，从而更好地参与社会、职场和公共事务。

社会对具备批判性思维和创新能力的人才的需求逐渐增加。小学培根数学的研究注重引导学生思考、提出问题，并培养他们主动探索解决方案的能力。这一培养过程可以激发学生的创新潜力，使其具备更强的创新能力，以满足未来社会对创新型人才的迫切需求。

小学培根数学的研究通过关注实际数学应用，使学生在学科学习中能够更紧密地与未来职业需求相结合。这可以培养学生在数学领域的专业素养，提高他们在未来职场中的竞争力，为他们的职业发展奠定坚实的基础。

小学培根数学的研究以适应未来社会挑战为导向，通过培养实际数学的应用能力、解决问题能力、创新能力等方面的素养，为学生更好地投身未来社会做好充分准备，具有很高的教育价值。

（二）定位

着眼于培养适应未来社会需求的数学素养，使学生在数学学科中既能具备理论知识，又能够灵活地应对实际问题。

小学培根数学的研究注重将理论知识与实际问题相结合，通过实际生活场景引导学生学习数学。这种教学方式不仅使学生在学科学习中获得理论知识，还能够在解决实际问题的过程中应用所学知识，培养他们实际的数学应用能力。这可以建立学生对数学的深刻认知，使他们在未来社会中能够更灵活地运用数学知识解决各类问题。

未来社会对于解决各种复杂问题的需求日益增加。小学培根数学的研究通过强调问题的解决能力，培养学生在面对实际问题时能够提出并实施合理的解决方案。学生在解决问题的过程中，不仅巩固了数学基础，还培养了分析问题、提出解决方案的能力，能更好地应对未来社会的挑战。

小学培根数学的研究引入数学建模的理念，通过将实际问题转化为数学问题，培养学生的数学建模能力。这种培养过程不仅可以帮助学生理解数学在实际生活中的应用，还提高了他们在处理复杂实际问题时的灵活性和创造性。

小学培根数学的研究倡导探究性学习，鼓励学生主动参与问题的探究和解决过程。这种学习方式培养了学生主动思考和独立解决问题的能力，使他们在未来社会中能够迎接复杂多变的挑战。

未来社会对个体的要求不仅是在数学学科中取得好成绩，而且注重个体在解决实际问题中的全面素养。小学培根数学的研究通过综合考虑数学的理论性和实用性，使学生在学科学习中培养全面素养，为他们更好地适应未来社会奠定基础。

小学培根数学的研究致力于培养学生适应未来社会需求的数学素养，使他们既能够理解数学的理论知识，又能够在实际问题中灵活应用，为未来的学习和生活提供更全面的支持。这一定位可以帮助学生在日后更好地面对社会的各种挑战。

第二章 小学数学核心素养与数学核心问题

数学作为一门基础学科，对学生的认知发展和综合素质的提升具有重要意义。小学数学的核心素养与数学的核心问题是当前数学教育研究的焦点，旨在全面促进学生对数学知识的理解和应用，同时关注数学教学中的难点与挑战。通过深入研究数学核心素养，我们能够更好地把握数学教育的方向，解决数学学科中的关键问题，为学生建立坚实的数学基础奠定基石。下面将从小学数学核心素养和数学核心问题两个方面展开论述。

第一节 小学数学核心素养分析

小学数学核心素养的分析旨在深入探讨学生在数学学科中需具备的关键能力和素养。数学不仅仅是一门知识体系，更是培养学生逻辑思维、问题解决和实际应用能力的重要工具。在小学数学学科的发展中，核心素养的培养成为教育的关键目标。通过对小学数学核心素养的分析，我们能够更全面地了解学生在数学学科中的学习需求，为教育者提供有力的指导，确保学生在数学领域取得坚实的发展。下面将从不同维度对小学数学核心素养进行深入分析。

一、对数学概念的理解与建构

在小学阶段应培养学生对基本数学概念的深刻理解，如数字、数量关系、加减乘除等，包括从具体实例到抽象概念的逐步建构，使学生能够灵活运用数学知识解决实际问题。

（一）从具体实例到抽象概念的逐步建构

学生在小学阶段首先通过感知和处理具体的实际事物，如水果、玩具等，逐渐形成对数字的认识。这种从具体到抽象的建构过程使他们能够将数学概念与日常生活紧密联系起来，增强学习的实用性。小学培根数学的课程设计注重将数学概念与日常生活紧密结合，使学生能够感知到数学在实际生活中的应用。解决与日常生活相关的问题，学生更容易理解数学的实际用途，提高学习的实用性。逐步引导学生从具体实例到抽象概念，帮助他们建构数学知识。例如，从计数自己拥有的玩具到理解数字的概念，学生在感性经验中逐渐形成对数学的认知。设计与学生日常生活密切相关的数学问题，培养他们解决实际问题的能力。这种方法使学生能够将学到的数学知识应用于解决实际情境中的问题，强调数学的实际价值。小学培根数学注重通过实际事例引导学生建立数学思维，使他们能够在解决问题时形成合理的数学思考方式，逐渐培养抽象思维的能力。通过与实际事物的联系，学生更容易直观地理解数学概念，建立对数字的具体认知。将数学与生活场景结合，使学生更容易产生学习兴趣，激发学习动力。小学培根数学的研究注重实际问题的解决，帮助学生将学到的知识应用于实际生活，提高实际应用能力。通过从具体到抽象的建构过程，为学生奠定坚实的数学基础，为更高层次的学习打下基础。从具体实例到抽象概念的逐步建构，小学培根数学的研究旨在使学生在数学学科中更好地理解和运用知识，同时培养他们将数学与实际生活相结合的能力。

（二）数量关系的探索与体验

学生通过实际操作和观察，逐步理解数量之间的关系。比如，通过比较物品的多少、大小等，学生能够建立起数量关系的感性认识。这可以帮助他们在日常生活中迅速而准确地应用数量概念。小学培根数学的教学注重通过比较实际物品的多少来引导学生理解数量关系。例如，比较不同种类物品的数量，让学生通过观察和比较建立对数量的直观感知。学生通过观察物品的大小，了解物品之间的数量关系。这可以包括比较物体的长度、宽度等，培养学生对数量关系的感性认识。

小学培根数学的课程设计强调将数量关系与实际生活场景结合，使学生能够在日常生活中迅速应用所学的数量概念。例如，在购物时理解商品数量关系、在游戏中计算得分等。通过使用具体的示例，如水果、玩具等，学生可以直接观察和操作，建立起对数量关系的直观理解。这可以将抽象的数量概念转化为学生能够理解的知识。培根数学的研究注重设计实际问题，让学生通过观察和实际操作来解决问题。培养学生在实际场景中应用数量关系进行思考和解决问题的能力。实际操作和观察的方式能够激发学生的学习兴趣。通过实际操作和观察，学生更容易直观地理解数量关系，建立起对数量的感性认知。小学培根数学的研究注重将学到的知识与日常生活相结合，使学生能够在实际情境中快速而准确地应用数量概念。

（三）加减乘除的实际运用

小学生通过解决日常生活中的实际问题，逐渐领会加减乘除的运算规律。例如，购物时计算价格、分配物品时进行公平分配等，这些活动锻炼了他们灵活运用数学知识解决实际问题的能力。学生通过模拟购物场景，计算购物车中商品的总价，掌握加法运算。同时，在考虑折扣或优惠时，进行减法运算，使学生直观地感受到加减法在实际情境中的应用。在分组或分配物品时，学生需要将物品平均分配给每个人，这涉及除法运算。通过这样的活动，学生能够理解除法运算的实际意义，如公平分配和均匀分享。小学培根数学的研究设计以实际场景为背景的乘法问题，如在购物中计算多个相同商品的总价。这可以帮助学生理解乘法在重复计数和计算总量时的作用。学生通过解决实际问题，可以比较物品的大小、价格等，从而体会到数学中比较与关系的运算规律，包括等于、大于、小于等。将实际问题抽象成数学运算，学生逐渐理解数学运算规律的抽象性，建立实际问题与抽象数学概念之间的桥梁。学生通过解决实际问题，能够更深入地理解数学运算规律，使学习更具有实际意义。在解决购物、分配等实际问题时，学生锻炼了灵活运用加减乘除解决问题的能力。将数学与实际问题结合，激发学生的学习兴趣，使学习过程更加生动有趣。通过将实际问题抽象成数学运算，学生逐渐理解了抽象数学的概念，加深了对运算规律的认识。小学培根数学的研究通过实际问题的解决，使学生逐渐领会加减乘除的运算规律，为他们在实际生活中灵活应用数学知识打下坚实的基础。

（四）实践中的灵活运用

在实际生活中灵活运用数学概念，学生能够更好地理解抽象概念的实际意义。

这可以消除数学知识的枯燥感，使学生更积极投入数学学科的学习中。通过参与购物活动，学生可以应用基本的加法和减法，计算商品的总价、找零等。这让学生在实际中体会到数学在购物中的实际应用，加深对数学概念的理解。学生通过学习时钟、日历等概念，可以更好地理解时间的概念。将学习与实际生活中的日常安排相结合，帮助学生更好地管理自己的学习和生活。通过测量和计量日常生活中的物体，如身高、体重、容积等，学生能够更直观地理解度量单位的概念，同时培养他们在实际问题中运用数学进行测量和计算的能力。利用实际场景，如房屋、花园等，让学生绘制平面图或了解不同几何形状的特征。这可以将抽象的几何概念与实际场景相联系，使学生更深入地理解数学的几何部分。学生可以通过分析实际生活中的数据和图表，了解天气、温度、人口等信息。这样的实际应用可以帮助学生更好地理解统计和数据分析的数学概念。将数学概念与实际生活相结合，使学生更容易理解抽象概念的实际意义，激发他们的学习兴趣。学生在解决实际问题的过程中，感受到数学在解决生活中问题的实际应用，从而提高学习的动机和投入度。学生在实际生活中运用数学概念解决问题，培养了他们解决实际问题的能力，提高了数学素养。通过实际应用，学生更深入地理解数学概念，不再将数学知识视为抽象和难以理解的概念。在实际生活中灵活运用数学概念，学生能够更好地理解抽象概念的实际意义，从而提高学习的趣味性和深度。这一方法可以培养学生的实际问题解决能力，使他们更愿意主动参与数学学科的学习。

小学阶段对基本数学概念的深刻理解是学生整个数学学科发展的基础，为将来更高阶段的学习打下坚实的基础。通过在实际生活中建构概念，学生不仅能够更好地理解数学知识，还能够培养解决实际问题的能力，为其未来的学习和生活奠定坚实的数学基础。

二、数学思维与逻辑推理

核心素养还包括培养学生的数学思维，使其能够进行逻辑推理、分析问题、提出解决方案。这可以培养学生的独立思考和解决实际问题的能力。培养学生的数学思维是小学数学教育中至关重要的一环。

（一）逻辑推理的培养

通过数学问题和案例的呈现，学生在小学阶段开始接触和培养逻辑推理的能力。逻辑推理要求学生能够清晰地表达自己的思路，厘清数学问题的发展逻辑，推导出正确的结论，这种训练可以培养学生系统性思考的习惯；提供具体而有趣的数学问题，要求学生通过分析和推理找到解决方案，这可以锻炼学生对问题的逻辑思考能力；呈现真实或构建的数学案例，要求学生分析其中的数学关系、规律，通过逻辑推理得出结论，这种方法能够让学生在实际情境中锻炼逻辑推理的能力；引导学生使用思维导图或逻辑图的方式整理和表达问题解决的思路，这可以培养学生清晰地组织思维的能力，提高逻辑表达水平；小组讨论能够让学生通过与同学合作，分享不同的思考方式，促进逻辑思维的交流和碰撞。合作学习还可以培养学生团队合作和共同解决问题的意识。引导学生在解决一个问题后，思考类似问题的解决方法，培养他们从一个问题推导出一般性结论的能力。逻辑推理训练使学生能够更好地分析和解决各种数学问题，培养他们的问题解决能力。通过进行逻辑推理的训练，学生逐渐形成系统性思考问题的习惯，使他们在面对复杂问题时能够更清晰地展开思路。成功解决逻辑问题的经验可以增强学生对数学的自信心，使他们更积极地投入数学学科的学习中。小组讨论和合作学习，使学生能够相互交流，共同解决问题，培养团队协作精神。在小学阶段通过数学问题和案例的呈现，培养学生的逻辑推理能力，可以帮助他们更好地理解数学问题的本质，提高解决问题的效率，同时也为将来更复杂的数学学科学习打下坚实的基础。

（二）问题分析与解决方案的提出

学生在解决实际数学问题的过程中，需要分析问题的本质，理解问题的要点，并提出合理的解决方案。这种思维过程激发了他们主动思考的能力，培养了解决实际问题的独立思维。学生首先需要仔细分析问题陈述，理解问题的背景和要点。这包括识别问题中涉及的数学概念、关系，明确问题的具体要求。学生通过观察问题中的模式和规律，尝试将具体问题简化为更一般性的数学形式。这可以提高学生对问题本质的理解，为后续解决提供更广泛的思考空间。在理解问题的基础上，学生需要提出一种或多种解决方案，涉及数学运算、图形绘制、逻辑推理等方法，这可以培养学生在多样性的解决途径中进行选择的能力。学生不仅要提出解决方案,还要学会验证解决方案的合理性,包括检查计算的正确性、确保解决方案符合问题的要求等步骤。将解决方案以清晰的方式表达出来,能够有效地向他人传达自己的思路,这可以培养学生的数学表达和沟通能力。学生在解决问题的过程中应习惯性地进行反思,包括思考解决方案的过程中是否有更简便的方法,以及在实际问题中应用解决方案的效果如何。学生通过解决实际数学问题,逐渐培养了独立思考的能力,不仅关注问题的表面,更能深入分析问题的本质。解决实际问题过程中的主动思考能力,激发了学生对数学学科的兴趣,使其更愿意深入学习。通过解决实际问题,学生不仅能学到抽象的数学知识,还能更好地将数学知识应用于实际情境,提高数学的应用能力。在解决问题的过程中,学生需要评估和比较不同的解决方案,促进了批判性思维的发展。学生通过解决实际问题,深入理解了数学在现实生活中的应用,提高了对数学的整体理解水平。在小学阶段,通过解决实际数学问题,学生不仅能够提高数学应用能力,还能培养独立思考和解决问题的能力,为更高层次的数学学科学习奠定坚实的基础。

(三)探究性学习的推动

引入探究性学习是培养数学思维的有效途径。通过自主提出问题、设计实验、分析数据,学生能够在实践中培养对数学问题的深层理解和探究的能力,从而进一步锻炼数学思维。探究性学习鼓励学生自主提出问题,激发他们对数学问题的好奇心。这培养了学生主动学习的态度,促使他们积极参与数学学科的学习。学生通过设计实验和活动,将抽象的数学概念具体化,使之与实际生活场景相联系,这种实践性的学习过程可以深化学生对数学概念的理解。在探究性学习中,学生需要收集、整理、分析数据,从中发现规律和模式,这培养了他们对数学关系的敏感性,提高了数学抽象分析的能力。学生在探究性学习中需要自主解决问题,这培养了他们独立思考和解决问题的能力,这种主动性的学习过程激发了学生的数学思维。通过自主提出问题和实践活动,学生深入理解数学概念,超越了简单的记忆和应用,形成对数学知识的深层次理解。探究性学习锻炼了学生对数学问题的思考和解决能力,促使他们形成积极的数学思维方式。学生在探究性学习中常常需要提出新的想法和方法，培养了他们的创造性思维，激发了对数学的学习兴趣。探究性学习将数学知识与实际生活联系起来，培养了学生将数学应用于实践的能力，提高了学科的实用性。学生在探究性学习中常常需要与同学合作，共同解决问题，这培养了他们的团队协作和沟通能力。在小学阶段，引入探究性学习不仅能够激发学生对数学学科的热情，还能够培养他们深刻的数学思维，为更高层次的数学学科学习打下坚实的基础。

（四）创造性思维的激发

通过给学生一些开放性、有挑战性的问题，激发他们的创造性思维。学生在解决这些问题的过程中，不仅能够运用已有的数学知识，还能够尝试新的方法，培养解决实际问题的创新能力。提出开放性问题，鼓励学生主动思考、探索，并引导他们思考问题的不同方面。例如，可以让学生思考一个具体场景中的数学问题，或者给出一个需要设计的数学实际应用问题。给予学生充分的自主解决问题的机会，鼓励他们根据自己的理解和学过的数学知识，尝试各种可能的解决方法，这培养了学生的自主学习和解决问题的信心。引导学生不仅运用已有的数学知识，还尝试新的方法和思路。通过这个过程，学生能够体验到数学问题的多样性，激发创新思维。鼓励学生分享他们的解决方案和思考过程，促使他们进行交流和互动。这不仅可以拓宽学生的视野，还能够从同学的不同思路中汲取灵感。针对学生的解决方案，提出一些延伸问题，进一步引导他们深入思考，拓宽问题的领域，这培养了学生对问题的综合思考和深入挖掘的能力。开放性问题激发了学生尝试新方法、创造性思考的欲望，培养了他们在解决实际问题时的创新能力。学生通过解决开放性问题，能够提高分析问题、寻找解决方案的能力，这对于培养解决问题能力至关重要。创造性思维使学生能够在学习中感受趣味和挑战，激发他们对数学学科的浓厚兴趣。

学生在解决问题的过程中可以进行合作与交流，这不仅能够促进团队协作，还能够从不同的思维方式中汲取经验。在小学阶段，通过向学生提出开放性、有挑战性的问题，可以有效培养他们的创造性思维，为未来更高层次的数学学习奠定坚实的基础。这种培养方式不仅关注学科知识的传递，更注重学生对知识的灵活运用和创新性思考。

（五）独立思考和自主学习

培养数学思维还涉及学生的独立思考和自主学习的能力。教育者通过设计引导性的学习任务，鼓励学生提出问题并寻找答案，激发他们主动学习和思考的欲望，促进数学思维的形成；设计旨在引发学生思考的学习任务，鼓励他们主动提出问题、寻找答案，任务应该具有启发性，激发学生的好奇心，引导他们通过独立思考解决问题；强调问题解决过程的重要性，而不仅仅是结果，通过让学生详细描述他们解决问题的步骤和思考过程，促使他们对问题有更深层次的理解；鼓励学生在学习中主动提问，而且通过主动发问来激发自己的思考，培养学生主动探究的学习态度；提供多样性的问题，涵盖不同难度和领域，满足不同学生的学习需求，激发他们在解决问题时的多样性思维；通过合作学习的方式，学生可以相互交流、讨论，分享解决问题的思路，这既培养了学生团队协作的能力，也促进了他们对问题的共同思考；提供学生所需的学习资源和工具，鼓励他们主动寻找信息、利用各种工具解决问题，培养学生的自主学习和信息获取能力。独立思考和自主学习使学生能够更深入地理解问题，并从多个角度寻找解决方案，培养学生解决问题的能力。让学生主动参与思考的过程，可以激发他们对数学学科的兴趣和学习动力，使学习变得更有吸引力。学生在主动思考和自主学习的过程中，更容易理解和掌握知识点，学到的知识更为牢固。独立思考和自主学习培养了学生深入思考问题的习惯，促进了思维的深层次发展。在小学阶段，设计引导性的学习任务，教育者可以引导学生独立思考、主动学习，从而培养他们的数学思维，为未来更高层次的数学学科学习打下坚实的基础。

（六）实际问题的数学建模

引导学生将数学知识应用于实际问题，进行数学建模。通过模拟实际情境，学生能够培养对问题的数学化思考，将数学运用到真实场景中。数学建模让学生学会将抽象的数学知识与实际问题相结合，使他们更容易理解并感受数学在现实生活中的应用。通过数学建模，学生需要分析问题、建立数学模型，并运用数学工具解决实际问题，这培养了学生的解决问题能力。数学建模需要综合运用数学、科学、社会学等多个学科的知识，促使学生形成跨学科的综合思维。通过解决实际问题，学生需要寻找创新性的解决方案，培养他们的创新意识和探究精神。数学建模是将数学运用于实际问题的实践过程，可以帮助学生在实际应用中形成数学思维，加深对数学概念的理解。选择符合学生认知水平的、能够引起兴趣的实际问题，使数学建模更贴近学生的生活和经验。引导学生深入分析实际问题，提取关键信息，厘清问题的数学化思考过程。指导学生根据问题特点建立数学模型，选择适当的数学工具和方法进行建模。鼓励学生使用数学工具，如图表、图形、方程式等，解决实际问题，培养他们运用数学知识的能力。引导学生对解决方案进行评估，检查模型的合理性，提出改进意见，培养他们的反思和自我纠错能力。鼓励学生分享他们的数学建模成果，通过小组讨论、展示等方式，提高学生的合作能力和表达能力。将学到的数学知识应用到实际问题中，加深学生对数学实用性的认识。通过跨学科合作，培养学生的综合素质，使其在解决问题时能够综合运用多学科知识。有趣而具有挑战性的实际问题可以激发学生对数学学科的兴趣，增强其学习动力。通过数学建模，小学生可以在实际问题中发挥数学思维，更好地理解数学的应用和实际意义。这种实践性的学习方式可以培养学生的创新能力和解决问题的能力。

数学思维的培养不仅可以帮助学生在数学学科中更好地理解和运用知识，还可以培养他们独立思考、解决实际问题的能力。这种思维方式是未来学科学习和职业发展中的重要素养，为学生全面发展奠定了坚实的基础。

三、问题解决能力的培养

小学数学核心素养强调学生对各种问题的解决能力。通过探究性学习和实际应用，学生能够更好地理解问题的本质，提出有效的解决方案，并将数学知识运用于实际情境中。

（一）探究性学习的重要性

小学数学核心素养鼓励探究性学习，即通过主动提出问题、设计实验和独立解决问题的方式来深入理解数学概念。这种学习方式的作用包括：增强了学生主动探索和解决问题的意愿，使其在面对未知情境时能够灵活运用数学知识；鼓励学生提出问题，培养他们对数学问题的敏感性和主动思考的习惯；主动探究数学概念能够帮助学生更深入地理解知识，而非仅仅停留在表面记忆；学生通过探究性学习，能够将数学知识用于解决实际问题，提高他们实际解决问题的能力；学生在主动探究中能够体验到解决问题的成就感，从而激发他们对数学学科的兴趣和学习动力；探究性学习培养学生独立思考和解决问题的能力，使其在学业和生活中更具自主性；学生通过主动探究的方式，养成了灵活运用数学知识解决未知情境的能力，为面对未知问题提供了更强的适应性。具体做法包括：创设有趣的学习环境，激发学生的好奇心和提问意愿，鼓励他们主动探索问题；引导学生学会设计深入思考的问题，帮助他们从多个角度思考问题，培养全面的问题解决能力；设计实际操作、实验等实践性的活动，让学生通过亲身经历去理解数学概念，提高抽象概念的实际应用能力；引导学生在实践中分析问题，总结规律，使他们通过自己的思考得出结论；给予学生在探究性学习中的支持和反馈，激励他们在独立思考的过程中不断进步；通过合作学习，让学生在小组中分享彼此的想法，激发更多的思维火花，促进彼此之间的启发和学习；适应学生的个体差异，满足不同学生的学习需求；将数学知识应用于实际问题，增加学科的实用性。探究性学习旨在培养学生独立思考和解决问题的意愿，培养学生的创新意识，提高解决问题的创新能力。鼓励学生进行探究性学习，可以更好地培养他们的数学思维，为未来更高层次的数学学科学习打下坚实的基础。

（二）实际应用的桥梁

将数学知识应用于实际问题是培养解决问题能力的有效途径。通过将数学与实际生活场景相结合，学生能够更直观地理解数学概念，并在解决实际问题的过程中培养问题解决的技能。将数学知识与实际问题相联系，学生能够更直观地理解数学概念，使抽象的数学概念变得具体而实际。将数学知识嵌入实际情境中，使学生在具体场景中学习，促使他们更好地应用和理解数学概念。实际问题具有挑战性，学生在解决这些问题的过程中需要运用数学知识，培养了解决问题的技能。将数学与实际问题相结合可以促进跨学科学习，培养学生在不同学科领域中解决问题的能力。学生通过解决实际问题，能够更好地认识到数学在生活中的实际应用，增强对数学实用性的认知。实际问题的解决更贴近学生的日常生活，能够激发他们对学习数学的兴趣，使学习更富有动力。教育者可以设计真实的生活场景问题，让学生在解决问题时感受到数学知识的实际运用。引导学生通过实际探索和实践来解决问题，培养他们的动手能力和实际操作技能。提供不同领域的实际案例，让学生面对多样的问题，提高他们解决不同类型问题的能力。通过小组合作，让学生在解决实际问题的过程中相互合作，分享思路，共同解决难题。注意学生的个体差异，根据他们的兴趣和能力水平，提供不同难度的实际问题，确保每个学生都能够有所收获。在问题解决后，引导学生反思解决问题的过程，并总结所学的数学知识，加深对概念的理解。学生通过实际问题的解决，不仅提高了对数学实用性的认知，更能够看到数学在解决实际问题中的价值。学生通过实际问题解决，培养了解决问题的技能，增强了面对挑战时的自信心。将数学与实际问题相结合，可以帮助学科之间的整合，培养学生综合运用知识的能力。实际问题更贴近学生的实际生活，能够激发学习兴趣，提高学生学习数学的主动性和动力。将数学知识应用于实际问题不仅可以帮助学生更好地理解数学概念，还能够培养其解决实际问题的能力，从而更好地满足小学生的学习需求。

（三）理解问题本质的能力

小学数学核心素养注重培养学生理解问题本质的能力。通过分析问题、找出问题的关键点，学生能够更深入地理解问题的实质，为提出有效的解决方案奠定基础。学生通过学习数学核心素养，培养了分析问题的能力，将复杂的问题分解为更简单、易处理的部分，从而更深入地理解问题；学生学会找出问题的关键点，抓住问题的主线，避免在细枝末节中迷失，从而更好地理解问题的核心；强调培养学生梳理问题的逻辑关系，使他们能够厘清问题的因果关系；引导学生关注问题的实际背景，通过了解问题产生的背景和背后的实际情境，增加对问题本质的深度理解；鼓励学生提出问题，参与讨论，引导他们思考问题的深层次含义，从而更加全面地理解问题；将实际问题引入教学，在解决实际问题的过程中，培养学生从实际出发，深入理解问题的能力；通过设计引导性问题，激发学生对问题的思考，促使他们深入探究问题的本质；案例分析和实例讲解展示了问题的实质，让学生通过具体案例理解问题的本质；通过小组讨论和合作学习，学生能够从不同的角度看待问题，促进对问题本质的共同理解；引导学生自主思考问题，提问和自主思考的方式可以激发他们深入理解问题的欲望；引入实际问题，让学生通过实践性学习的方式深入理解问题，将抽象的概念与实际问题联系起来；鼓励学生在解决问题后进行反思和总结，从中提炼问题的本质，加深对知识的领悟，进行更深入的学习，不仅掌握了解决问题的方法，更能理解其中的道理。理解问题的本质培养了学生独立思考的能力，使其在面对新问题时能够更自主地进行分析和解决。通过理解问题的本质，学生能够更迅速、准确地解决问题，提高解决问题的效率。理解问题的本质可以帮助学生将所学知识更好地迁移到其他领域，形成更全面的学科认知。小学数学核心素养通过注重培养学生理解问题本质的能力，使其在问题解决中更具深度，更富有创造性，为学生未来数学学科的学习和实际应用奠定坚实的基础。

（四）提出有效解决方案的能力

学生在小学数学学科中需要培养提出有效解决方案的能力。通过探索不同的解决途径，学生能够发展多样化的思维方式，提高解决问题的灵活性和创造性。学生在解决问题时，鼓励他们通过不同的思维途径来考虑问题，培养多样性的思考方式；强调解决问题的灵活性，让学生不仅仅固守一种解决途径，而是能够灵活运用不同的方法，提高问题的多样解决性；通过设计启发性问题，激发学生思考问题的多种可能性，培养他们提出创新性解决方案的能力；在小组合作学习中，学生可以分享不同的解决思路，从而学习并运用多样的解决方案，提高解决问题的灵活性；通过引入实际问题，鼓励学生将数学知识应用到实际场景中，培养他们提出实用有效解决方案的能力；提供对不同解决方案的评价和反馈，帮助学生更好地理解何为有效解决方案，引导他们在评价中不断优化自己的解决思路。学生通过多样的解决途径，培养创造性思维，不断尝试新的解决方案，提高解决问题的创新性。多样的解决方案可以帮助学生更全面地理解数学概念，从不同的角度深入探讨问题，加快对知识的领悟。在解决实际问题的过程中，学生能够更好地提出实用有效的解决方案，培养解决实际问题的能力。学生通过提出多样的解决方案，能够更好地适应未知情境，不受固定思维框架的限制，更灵活地解决各类问题。在提出有效解决方案的过程中，学生需要主动学习、探索，培养自主学习和主动解决问题的能力。

在不断提升解决问题的灵活性和创造性中，学生能够更好地应对未来社会和职业领域中的各种挑战。注重解决问题能力的培养，小学数学教育不仅关注学生的知识水平，更注重他们在解决问题过程中的思考方式和创造性思维的发展，为其未来学科学习和实际应用奠定坚实的基础。

（五）跨学科能力的培养

小学数学核心素养鼓励跨学科的学习，将数学知识应用于其他学科领域。这种综合运用不仅能够使学生加深对数学知识的理解，还能够培养学生在解决复杂问题时的跨学科思维能力。将实际生活中的问题或案例融入数学教学，让学生在解决问题时结合其他学科的知识，如应用数学解决自然科学或社会科学的问题；引入项目式学习，让学生参与跨学科的项目，需要运用数学知识解决实际问题；同时涉及其他学科领域，如自然、科学、文学等；促进不同学科之间的合作，通过共同的项目或活动，学生可以学到如何将数学知识应用于其他领域，培养协同工作和跨学科的思维；设计综合性的任务，要求学生运用数学知识解决与其他学科相关的问题，如使用统计学解决社会问题或使用几何学解决自然问题；将数学知识嵌入现实生活情境中，鼓励学生在解决实际问题时结合其他学科的知识，提高数学在解决复杂问题中的应用能力。通过跨学科学习，学生能够提高综合素质，不仅仅局限于数学领域，还能够应用数学思维解决更广泛的问题。学生在综合运用数学知识解决问题的过程中，培养了解决实际问题的能力，增强了数学在实际生活中的应用性。通过将数学知识与其他学科相结合，学生更容易培养创新思维，跳出传统的思维框架，提出独特的解决方案。

跨学科学习使学生能够在解决问题的过程中感受到不同学科的魅力，激发他们对各个学科的兴趣。学生在不同学科领域应用数学知识，需要进行批判性思考，提高对问题的分析和评价能力。培养跨学科思维能力可以帮助学生更好地适应未来社会和职业的多样性，培养具备广泛知识和强大技能的人才。鼓励小学生进行跨学科学习，将数学知识与其他学科领域有机结合，可以促进他们在解决问题时更全面、更灵活地运用数学思维，为未来更高层次的学科学习和实际应用奠定基础。

（六）实践中的数学知识应用

通过实际应用，学生能够在真实场景中应用数学知识，从而更好地理解抽象概念。这种联系实际的学习方式可以培养学生在实际生活中运用数学知识解决问题的主动性和实用性。引导学生分析实际生活中的问题，如购物、度量、计算时间等，让他们亲身体验数学知识在解决问题中的应用；创设各种场景，让学生在模拟的环境中应用数学知识，如设置小商店让学生计算购物费用，从而将数学概念融入实际操作中；进行实地考察或实验活动，如测量校园中的距离、观察植物生长过程，让学生通过实践感受数学在实际中的应用；通过参与社区服务或解决社会问题的活动，学生可以运用数学知识解决实际问题，如统计社区人口、规划公共设施等；设计项目，要求学生在实际情境中应用数学知识，如设计一个小型花园、规划一个活动日程表等，让学生亲身感受数学在项目中的实际作用；利用数学游戏或竞赛，让学生在竞争中感受数学的趣味和实际运用，如数学足球比赛、数学拼图等。实际应用能够使学生感受到数学在生活中的实际意义，从而激发对数学学科的兴趣。通过实际应用，学生在解决问题的过程中将更深入地理解和记忆数学概念，因为这些概念与实际问题解决紧密相连。学生在实际场景中应用数学知识，培养了他们在实际生活中灵活运用数学解决问题的能力。将抽象的数学概念与具体实际问题相联系，学生更容易理解并记忆抽象概念。连接实际应用强调数学的实用性，使学生在学习中更注重解决实际问题，培养实际运用数学知识的习惯。学生通过实际应用培养了解决问题的主动性，提高了他们的问题解决能力，为将来面对复杂问题做好准备。将数学知识与实际生活场景相结合，可以让小学生更深刻地理解数学的实际应用，培养他们在解决实际问题时的实际操作能力和主动性。这种学习方式不仅可以使数学更具吸引力，同时也可以为学生的综合素质和实际生活中的数学应用能力的提高奠定基础。

小学数学核心素养强调学生对各种问题的解决能力，旨在培养他们在未知情境下独立思考、提出解决方案的能力。这种综合性的素养不仅在数学学科中发挥作用，也为学生未来的学习和职业生涯奠定了坚实的基础。

四、数学沟通与表达

学生需要具备清晰的数学表达和沟通能力，能够准确描述自己的思路和解决方案。这可以培养学生的团队协作精神和批判性思维。

（一）数学表达与思维清晰度

学生通过清晰的数学表达能够准确传达自己的思维过程和解决方案。这可以帮助教师理解学生的思考方式，同时也促进学生自身对数学概念的深刻理解。清晰的数学表达，能够使学生更准确地表达自己的数学思维，帮助他们深入理解数学概念。清晰的表达可以帮助教师更好地理解学生的思考方式，从而为个性化的教学提供更有针对性的指导。学生通过清晰表达自己的解题过程，可以培养其自主学习的能力，提高其对数学知识的独立掌握和应用能力。清晰的数学表达培养了学生的数学沟通能力，使他们能够更有效地与同学、教师和家长分享自己的数学思考。鼓励清晰的数学表达可以培养学生良好的数学习惯，提高解决问题时的逻辑性和系统性。清晰的数学表达让学生更容易检查和纠正自己的错误，促使他们在数学学习中更为谨慎和精细。鼓励学生在解题过程中详细描述每个步骤，明确展示思考脉络。引导学生巧妙地结合数学符号和语言文字，以达到最佳的表达效果。鼓励学生使用具体的例子和图示来支持数学表达，增加表达的生动性和易懂性。

提倡学生在解决问题后进行反思和总结，清晰地陈述解题的思路和得出的结论。教导学生在表达中保持良好的组织结构，确保逻辑关系清晰，让他人容易理解。鼓励学生积极参与数学讨论，提高数学沟通能力，通过与同学交流，不断优化表达方式。培养学生清晰的数学表达能力，可以加深他们对数学概念的理解，促进数学学科的学习和沟通能力的全面发展。这种培养方式既可以帮助学生个体的学业发展，也可以为将来更高层次的学科学习打下坚实的基础。

（二）沟通能力与团队协作

清晰的数学表达是团队协作中不可或缺的一环。学生能够有效沟通数学概念，可以帮助合作伙伴理解彼此的观点，共同解决问题。这种团队协作精神是培养学生社交能力和团队协作技能的重要一步。清晰的数学表达可以帮助团队成员更好地理解彼此的数学概念，确保成员在解决问题时具有共同的基础理解。清晰的数学表达可以减少团队合作中的误解和混淆，确保每个成员对问题和解决方案的理解一致。在团队合作中，清晰的数学表达是成员之间有效沟通的基础，可以帮助成员交流思想、分享观点和解释解决方案。团队协作中，成员能够通过清晰的数学表达更迅速地理解和应用彼此的思路，提高问题解决的效率。学生通过团队合作学会在集体中表达自己的数学思维，培养协作技能，提高与他人合作的能力。清晰的数学表达可以形成积极的学习氛围，增强团队的凝聚力和协作信任。学生在团队协作中通过清晰的数学表达共同探索解决方案，从而培养团队合作中的创新和探究精神。通过团队协作，学生可以接触到不同的数学思维方式，促进个体数学思维水平的提升。在团队中设置不同的角色，如负责记录、负责解释等，以确保每个成员都有机会清晰地表达和理解数学概念。团队在合作过程中定期进行讨论和总结，评估成果，共同提高团队的数学表达和解决问题的能力。鼓励团队成员分享自己的数学思考过程，促进共同学习，提高整体水平。引导学生提出有针对性的问题，促使他们通过数学语言清晰表达疑惑和解决方案。在团队协作中培训学生良好的沟通技能，包括倾听、表达和解释。团队协作中清晰的数学表达的培养既促进了学生在学科学习中的交流和合作，也为他们未来更复杂的团队协作奠定了坚实的基础。这种团队协作的学习经验不仅对数学学科有益，还培养了学生在集体中有效沟通和协作的社交技能。

（三）解决问题的系统性

数学表达的清晰度要求学生能够系统地组织自己的思路，将解决问题的步骤和逻辑关系表达得有条不紊。这可以培养学生解决问题时的系统性思维，提高问题的解决效率。清晰的数学表达要求学生有计划地组织解决问题的思路，逐步呈现解决方案的步骤。这可以培养学生的系统性思维，使他们能够更有条理地解决问题。通过清晰的数学表达，学生需要将问题的逻辑关系清晰地传达给他人。这锻炼了学生在解决问题时理清思路、合理连接各个步骤的能力。清晰的数学表达不仅可以帮助学生理清思路，还能够使他们更好地与他人进行沟通。这对于小组合作和交流学习是非常关键的。将解决问题的步骤以清晰的方式表达，可以帮助学生加深对数学概念的理解和记忆。通过表达，学生不仅向他人传递了信息，也在自己的脑海中强化了相关知识。

通过清晰的表达，学生能够更迅速地将问题解决思路传达给他人或教师，提高问题解决的效率，尤其是在有时间限制的情境下。学生通过清晰的表达可以更好地自主学习，因为他们能够厘清知识体系，独立完成问题解决的过程。清晰的表达是团队协作的基础，学生通过这种要求能够更好地参与小组学习，促进共同探讨和解决问题。清晰的数学表达使学生审视自己的思考过程，从而锻炼批判性思维，提高对解决方案的深度理解。提供清晰的教学范例，引导学生学习如何系统地组织思路并进行清晰的数学表达。定期对学生的数学表达进行反馈和评价，指导他们改进表达的清晰度。鼓励学生相互评价，帮助他们发现表达中的不足，并互相提高学习。将学生引导到实际问题中，要求他们通过清晰的数学表达解决实际场景中的问题。将学生分组，进行小组合作学习，通过互相交流和讨论，提高清晰数学表达的能力。教师可以帮助学生将语言表达与数学表达结合起来，使学生能够用通俗易懂的语言清晰表达数学概念。培养学生进行清晰的数学表达，不仅能够提高他们解决问题的效率，还可以帮助整体数学学科能力的全面提升。这种系统性思维和逻辑表达的训练是数学学科中非常重要的一环。

培养学生的数学表达和沟通能力，不仅可以提高他们在数学学科中的学习效果，还有助于综合素质的提升。这种能力的培养是小学数学教育中一个重要的目标，对学生未来的发展具有深远的影响。

五、技术与数字化素养

随着科技的进步，小学数学核心素养也包括对技术和数字化工具的熟练应用。学生需要学会使用计算器、电子表格等工具，并理解数字化世界中数学的角色。

（一）数字化工具与实际问题的连接

学生应学会使用数字化工具将数学概念与实际问题相结合，将抽象的数学理论应用到实际场景中。这种能力的培养可以帮助学生更好地理解数学在解决现实问题中的价值。使用数字化工具，可以模拟实际场景中的数学问题，使学生能够更直观地理解抽象数学概念在实际生活中的应用。比如，通过虚拟场景模拟购物结账过程，让学生理解货币运算。数字化工具可以通过图形、图表等方式呈现数学概念，使抽象的理论更加具体可视。这可以帮助学生更好地理解数学概念，比如用图表展示数量关系、几何形状等。数字化工具能够提供实时反馈，让学生在解决问题的过程中及时发现错误并进行调整。这种及时的反馈可以培养学生的自我纠错能力。利用数字化工具，可以根据学生的学习进度和水平为其提供个性化的学习资源，满足不同学生的学习需求，让每个学生在适合自己的水平上学习数学。数字化工具可以帮助学生解决更为复杂的实际问题。通过模拟和计算，学生可以更好地应对现实中的挑战，培养解决问题的能力。通过数字化工具引入编程元素，让学生在解决问题的同时学习基础的编程思维，提高他们在数学中的创造性和实践能力。学生可以学会使用计算器进行复杂的计算，尤其是涉及大数字和小数的运算，提高计算效率。学生可以通过电子表格软件进行数据整理、图表绘制，学习如何将实际问题的数据可视化呈现。利用数学应用软件，学生可以通过交互式的方式学习数学概念，比如几何图形的构建和变换等。学生可以通过在线学习平台学习数学知识，进行实时测验和反馈，提高学习效果。引导学生使用简单的编程工具，通过编写简单的程序解决实际问题，培养计算思维和创新能力。提供数字化工具的教学案例，引导学生学会如何使用这些工具解决数学问题。将实际场景引入数学学习，通过数字化工具模拟解决实际问题的过程，培养学生将数学知识应用于生活的能力。利用数字化工具进行课堂互动，让学生参与实际问题的讨论和解决过程。利用数字化工具根据学生的学习情况制订个性化的学习计划，帮助每个学生在适合自己的水平上学习数学。引入简单的编程元素，让学生通过编写程序解决实际数学问题，培养计算思维和创新能力。利用数字化工具建立实时反馈机制，让学生及时了解自己在解决问题过程中的优势和不足，促进自我提升。在小学阶段，数字化工具的合理应用可以使学生更好地理解数学的实际应用，提高解决问题的能力，并提高他们在数字化时代的数学素养。

（二）数学在数字化世界中的角色

学生通过数字化工具的使用，能够更清晰地认识数学在数字化世界中的角色。数字技术在科学、工程、经济等领域的广泛应用，使学生认识到数学是解决实际问题的重要工具。通过数字化工具，学生可以将抽象的数学概念与实际问题相连接。例如，使用电子表格软件进行数据分析，学生能够直观地理解统计学中的平均值、中位数等概念，并将其应用于实际情境中。引导学生使用数字化工具模拟实验、绘制图形，深入了解数学在科学和工程中的应用。例如，使用几何软件进行图形绘制，学生能够体验数学在几何学中的实际运用。通过电子表格等数字工具，学生可以模拟经济学中的数学建模过程。他们能够调整参数、观察模型结果，从而更清晰地理解数学在经济分析和决策中的重要性。利用数据可视化工具，学生可以更好地理解统计学概念。通过创建图表和图形，他们能够直观地展示数据的分布规律，增强对数学在实际数据分析中的认识。利用数字化工具呈现实际的教学案例，让学生直观感受数学在解决实际问题中的作用，加深他们对数学的理解。设计项目化学习任务，要求学生使用数字化工具解决具体问题。这样的任务可以帮助学生将数学概念与实际场景结合起来。利用虚拟实验平台，让学生在数字环境中进行科学实验，通过数字化工具对实验结果进行分析，培养学生对数学实际应用的认识。引导学生使用数字工具进行数学建模，模拟实际问题，使他们能够更清晰地认识到数学在解决实际问题中的作用。

（三）数学素养与信息素养的融合

数学核心素养的熟练应用需要结合信息素养，使学生能够在数字环境中快速获取、分析和应用数学信息，这对培养学生综合素质至关重要。数学核心素养的发展不仅包括数学知识，还包括信息素养在数字环境中的应用。通过结合信息素养，可以培养学生在解决实际问题时的综合素质，包括批判性思维、创造性思考以及对数字信息的熟练运用。在数字环境中，学生需要将数学知识与信息整合，培养在处理数字信息时的逻辑思考和系统性思维。这可以提高学生在解决实际问题时的效率和准确性。数学在数字环境中的应用涉及实际问题的解决，这要求学生能够快速理解、分析数字信息，并将数学知识应用于解决具体场景中的问题，从而培养学生的实际应用能力。学生需要学会在数字环境中迅速获取数学信息，并对信息的准确性进行评估。这可以培养学生在信息爆炸时代对信息的敏感性和筛选能力。学生应具备在数字环境中清晰表达数学思路和解决方案的能力。这涉及数字信息的转化和传递，培养学生在数字环境中的有效沟通技能。学生需要综合运用信息技术，如电子表格、图形绘制工具等，将数学概念与实际问题相结合，通过数字手段解决问题，促使学生在数字环境中熟练运用数学知识。在小学阶段，将数学核心素养与信息素养相结合，可以使学生更全面地发展数学思维，提高在数字环境中解决问题的综合素质。这可以培养学生对数学的深刻理解，并使其将数学知识运用于实际生活中。

六、综合素质与跨学科能力

小学数学核心素养强调数学与其他学科的融合，培养学生的综合素质和跨学科能力。数学作为一门基础学科，为学生未来更高层次的学科学习奠定了基础。

（一）数学与科学的融合

数学在科学领域中扮演着关键的角色。小学数学核心素养的培养强调数学与科学的融合，通过数学方法解决科学问题，培养学生对科学实践的理解和参与。数学为科学实践提供了强大的建模和分析工具。小学阶段的学生可以通过数学方法，将实际科学问题简化为数学模型，从而更好地理解问题的本质。科学研究离不开数据的收集和处理。数学提供了统计学和概率论等方法，帮助学生有效地收集、整理、分析实验数据，从而得出科学结论。在科学实验中，变量之间的关系是重要的研究对象。数学通过代数和函数的概念，使学生能够更深入地理解和分析变量之间的关系，为科学实验提供理论基础。数学在测量和量化方面具有独特的优势。学生通过数学方法学会精确测量，用数字来表示物理量，这对科学实验的精确性和可重复性至关重要。

数学培养学生的模式识别能力，这对科学实践中发现规律、解决问题至关重要。通过数学学科的学习，学生能够更好地辨认模式并将其应用于科学实践。数学的推理能力培养了学生进行科学预测和推断的能力。在小学阶段，学生通过数学方法能够更准确地预测实验结果，并进行科学性的推断。通过将数学融入科学实践，学生能够更积极地参与科学活动，培养对科学探究的兴趣，激发对科学研究的主动性。

数学和科学的融合培养了学生的跨学科思路，使其能够综合运用数学和科学知识，更全面地理解和解决实际问题。将数学与科学有机结合，小学数学核心素养的培养能够为学生提供更丰富、深入的科学学科体验，为他们未来更高层次的科学研究打下坚实的基础。

（二）数学与工程技术的结合

工程和技术领域需要强大的数学支持。培养小学生的数学核心素养要注重将数学与工程技术相结合，激发学生对工程问题的兴趣，提升他们解决实际问题的能力。工程领域对测量的精度要求极高，而数学为学生提供了精确测量和计算的工具。小学生通过数学学科的学习，能够培养测量、单位换算等方面的数学技能。工程设计需要考虑空间结构和形状，几何学是解决这类问题的基础。通过学习几何，小学生能够培养对空间的准确想象和理解，为未来的工程设计打下基础。工程中经常需要分析大量数据和建立数学模型。小学数学学科的学习可以培养学生的数据分析能力，使他们未来能够更好地理解和处理实际工程中的复杂问题。工程技术往往涉及力学和物理学的原理，例如，建筑物的结构、机械的工作原理等。小学生通过学习数学，能够逐步理解这些物理学概念，为未来更深入的工程学科学习打下基础。数学与计算机编程密切相关。在小学阶段，培养学生的数学思维也可以通过简单的编程活动，使他们逐渐理解算法、逻辑结构等基本编程概念，为将来更深入的计算机科学学习做好准备。数学方法在工程实践中的模拟和优化中起着关键作用。小学生通过数学学科的学习，能够初步了解并应用模拟和优化方法，培养对工程实践的有效解决问题的能力。数学学科的培养不仅要关注技术层面，还应涵盖伦理和创新。小学生通过数学学科的学习，能够初步了解工程伦理和创新的重要性，为未来的工程实践奠定道德和创新的基础。将数学与工程技术相结合，小学数学核心素养的培养可以为学生未来更深入的工程和技术学科学习奠定坚实的数学基础，培养他们对工程问题的兴趣和解决实际问题的能力。

（三）数学与社会科学的整合

小学数学核心素养的培养还需要关注数学与社会科学的整合。通过数学分析社会现象、解读社会数据，培养学生对社会问题的敏感性和批判性思维。数学是解读和分析社会现象的重要工具。通过学习数学，小学生可以初步了解数据的搜集、整理和分析，从而对社会现象有更深入的认识。统计学是社会科学中常用的分析方法之一。小学生通过学习数学统计的基础，能够初步了解如何通过统计方法分析社会中的各种数据，从而形成对社会的定量认知。数学学科的图表和数据可视化方法在社会科学研究中起着重要作用。小学生通过学习数学，能够初步掌握制作和解读各类图表的基本技能，可以帮助他们更好地理解和表达社会数据的含义。数学建模是解决实际问题的一种方法，也适用于社会科学领域。小学生通过学习数学，能够初步了解建立模型分析社会问题的基本思路，培养解决社会问题的能力。数学在财经领域有着广泛应用。小学生通过学习数学，能够初步了解货币概念、简单的财务计算，为日后对经济和财政等社会科学的问题有更深刻的理解奠定基础。数学学科的学习也可以从伦理和公正性的角度来理解社会科学。小学生通过数学学科的学习，能够初步了解统计中的偏见、误差等问题，培养对社会科学研究的批判性思维。在社会科学领域，科学研究往往需要运用数学方法。小学生通过学习数学，能够初步了解科学研究的基本流程，为未来深入学习社会科学学科奠定基础。小学数学核心素养的培养能够使学生更好地理解社会问题，培养他们对社会的敏感性和批判性思维，为未来更深入的社会科学学科学习打下基础。

（四）数学与语言学科的交叉

数学与语言学科之间存在紧密的关系。培养小学生的数学核心素养要求学生能够准确、清晰地表达数学思想，同时也能够理解和解读数学文本。数学是一门精密的学科，要求学生能够用准确的语言表达数学思想。通过数学学科的学习，小学生能够培养对语言表达的敏感性，提高表达准确性的能力。数学中广泛使用符号和特定的数学语言。学生通过学习数学，逐渐熟悉并掌握数学中的符号和专业语言，提高对数学语言的理解和运用能力。数学问题的正确陈述对解决问题至关重要。学生在数学学科中学会如何准确地陈述和解释问题，能够帮助他们培养清晰的问题理解和解释能力。数学教科书、题目以及其他数学文本中包含大量的数学信息。通过学习数学，学生能够提高对数学文本的阅读理解水平，更好地理解问题和解题步骤。在数学学科中，学生常常需要通过口头或书面方式与他人分享解题思路和策略。这培养了他们用清晰语言进行数学问题解决沟通的能力。数学解释要求有一定的逻辑性，能够清晰地呈现解决问题的步骤和思路。通过数学学科的学习，学生能够培养逻辑性的表达能力。数学问题中的关键词汇对问题的解决起着关键作用。学生通过学习数学，能够掌握并正确运用问题中的关键词汇，提高对问题的敏感性。小学数学核心素养的培养能够使学生在数学领域更加熟练地运用语言表达思想，同时提高对数学文本的理解和解读水平。

（五）数学与艺术的互动

艺术中的许多元素涉及数学，如几何图形、比例关系等。培养学生的数学核心素养应当注重数学与艺术的互动,激发学生对艺术创作中数学元素的发现和运用。几何图形在艺术设计中起到重要作用。例如,艺术品中常使用的对称性、图案和线条等元素都涉及几何学原理。学生通过学习几何概念,能够更好地理解和运用这些元素。艺术品中的比例关系是绘画中的重要考量。学生通过数学学科的学习,能够理解比例关系的概念,从而更好地表达画面中的大小和比例。艺术中的色彩理论涉及对颜色的深刻理解,包括数学的概念,比如颜色的对比度、亮度等。学生通过数学学科的学习,可以更深入地理解艺术作品中色彩的运用。数学中的透视原理在绘画中有着重要的地位。学生通过学习数学中的透视概念,可以更好地呈现画面的深度和空间感。在手工艺术中,学生常常需要使用图形的知识来设计和制作。通过数学学科的学习,学生可以更灵活地运用图形元素进行手工创作。对称性在艺术中常常用于造型设计,创造出美感的平衡。数学中的对称性概念帮助学生理解和运用这一艺术元素。数学与艺术的互动,使学生能够在艺术创作中发现数学元素的美妙之处,从而培养对数学的兴趣和对艺术的热爱。这种跨学科的学习体验能够使数学更具有实际应用性,同时丰富学生对艺术的审美体验。

(六)跨学科问题解决能力的培养

数学核心素养的培养旨在培养学生的跨学科问题解决能力。通过在多学科的背景下运用数学方法解决问题,学生不仅能够更全面地理解知识,还能够培养协作和沟通能力。学生通过将数学知识与其他学科知识进行整合,能够更全面地理解问题。例如,在科学问题中运用数学方法进行数据分析,或在社会科学领域使用统计学概念进行调查分析,都展现了数学在多学科中的作用。将数学应用于实际问题时,需要考虑多学科因素。学生在解决实际问题时,需要结合其他学科的知识,培养了解和应用多学科概念的能力。通过项目式学习,学生常常需要在一个综合性的项目中综合运用各学科知识,数学在其中扮演着重要的角色。这可以培养学生在解决问题时的全局思维和跨学科协作能力。解决跨学科问题需要团队协作。学生通过与其他同学合作,共同解决问题,不仅学会了协调与合作,还能够在团队中分享和接受各种学科知识。解决跨学科问题需要学生具备良好的沟通技能,能够清晰地表达数学概念和思想。这促进了学生在数学领域以及其他学科中进行有效沟通的能力。在跨学科问题解决中，创新思维尤为重要。学生需要运用数学知识创造性地解决问题，这可以培养他们独立思考和创新的能力。在跨学科背景下运用数学方法解决问题，使学生的全面素养得到了提升，更加具备应对未知问题和复杂挑战的能力。培养学生的跨学科问题解决能力，数学不再是孤立的学科，而是成为解决各种问题的有力工具，为学生未来的学科学习和实际应用打下坚实的基础。

（七）综合素质的提升

数学作为一门基础学科，其核心素养的培养可以提升学生的综合素质。学生在数学学科的基础上，更容易应对其他学科的学习要求，促进素质的全面发展。数学训练学生的逻辑思维，培养他们清晰而系统地思考问题的能力。这种思维方式不仅在数学领域有用，还可以帮助学生更好地理解和分析其他学科的知识。数学教学注重培养学生的解决问题和创新能力。这种培养过程使学生能够更灵活地应对各种问题，不仅局限于数学领域，也包括其他学科的实际问题。数学中常涉及抽象的概念，学生通过学习数学能够培养抽象思维和概括问题的能力，这对于理解其他学科的抽象概念也具有积极影响。数学学科锻炼学生的计算和分析技能，这不仅在数学问题中有用，也为其他学科中的数据分析和计算奠定了基础。数学具有独特的语言和符号体系，学生在学习数学的过程中培养了清晰的表达和符号运用能力，这对于其他学科中的精确表达也是有益的。数学学科强调自主学习和批判性思维，学生通过解决各种数学问题培养了独立思考和分析的能力，这对其他学科的学习方法也是适用的。在数学学科中，学生常常通过小组合作解决问题，这培养了他们团队协作和有效交流的技能，这对于其他学科的团队项目和合作学习也有着积极意义。数学强调将知识应用于实际问题，培养学生解决实际问题的能力，这对于其他学科的案例分析和实际应用问题的解决同样有帮助。通过数学核心素养的培养，学生将建立起一套全面的认知和思维体系，使其在学业和生活中更全面、更灵活地运用所学的知识和技能。

强调数学与其他学科的融合，小学数学核心素养的培养能够为学生打下坚实的学科基础，为未来更高层次的学科学习和综合素质的提升奠定基础。这种跨学科的学习经验可以帮助学生更好地适应未来复杂多变的社会环境。通过对这些维度的深入分析，我们能够更好地了解小学数学核心素养的内涵，为教育者提供科学有效的教学方向，确保学生在数学学科中全面发展。

第二节　怎样落实小学数学核心素养

落实小学数学核心素养是培养学生综合数学能力、促使其在学科中全面发展的关键任务之一。数学不仅仅是一门学科，更是一种思维方式和解决问题的工具。为了有效地落实小学数学核心素养，我们需要从多个层面出发，包括教学方法、课程设计、学生参与等方面进行系统性的策划和实施。下面将探讨一些关键的方法和策略，以确保学生在数学学科中培养出扎实的基础和创造性的思维。

一、理念和目标明确

确定小学教育理念，明确数学教育的核心目标。数学不仅仅是为了应付考试，更是培养了学生的逻辑思维、问题解决和实际运用能力。

小学数学教育的理念应注重培养学生的思维能力，尤其是逻辑思维。数学是一门强调推理和逻辑的学科，通过合理的教育理念，可以使学生养成严密的思考习惯，提高分析问题和解决问题的能力。将数学教育的核心目标定位在问题解决过程中，而非仅关注答案。培养学生的问题解决能力，要求他们能够灵活运用所学数学知识，寻找问题的合理解决方法，并善于反思和调整策略。明确数学不仅仅是为了考试，更是为了实际应用。小学数学教育应该强调数学在现实生活中的运用，让学生在学习中认识到数学对解决实际问题的重要性，提高他们对数学实用性的认识。教育理念应该关注培养学生对数学的兴趣。通过丰富多彩的教学方式，如趣味性的数学游戏、实地考察、数学拓展活动等，吸引学生主动参与，使数学学习成为一种享受而单纯的学科。将数学与其他学科整合，构建跨学科的知识体系。这样的整合可以让学生更好地理解数学在不同领域中的应用，拓展他们的学科视野，培养出具备综合素养的学生。小学数学教育应当注重实践操作，通过实际的计算、测量、观察等活动，让学生亲身体验数学的趣味性和实用性。这样的实践操作可以加深学生对数学概念的理解，使抽象的数学知识更具体。确保教育理念能够包容不同学生的差异，采用个性化的教学方法，关注每个学生的学科兴趣、学习风格和学科水平，使每个学生都能在适合自己的学习环境中充分发展。将教育理念和数学教育的核心目标明确为思维培养、问题解决过程、实际运用、数学兴趣、跨学科整合、实践操作和个性化教学，为学生提供更为丰富、有趣、实用的数学学习经验，使其在数学学科中得到全面的发展。

二、建立探究性学习氛围

引导学生通过实际问题、场景，进行数学知识的探究性学习。让学生在解决问题的过程中培养发现问题、提出问题、解决问题的能力。

教师可以结合学生的日常生活，设计与实际情境相关的数学问题，让学生能够在熟悉的环境中进行数学学习。例如，在超市购物、准备食物、规划活动等场景中引入数学问题，使学生能够直观地感受数学在生活中的应用。提出开放性问题，鼓励学生通过自己的思考和探索找到解决方法。这样的问题没有唯一的答案，能够激发学生的好奇心，培养他们主动学习的动机。例如，布置一个让学生测量自己家中不同房间面积的任务，让他们决定最好的测量方法。将数学知识融入项目，让学生通过实际项目的执行来学习数学。例如，设计一个关于建造模型房屋的项目，要求学生考虑到房屋的形状、尺寸、面积等数学概念。这样的项目既能够培养学生的合作能力，又能够促使他们深入理解数学知识。将学生分成小组，让他们合作解决复杂的数学问题。通过小组合作，学生能够共同思考、互相讨论，从不同的角度看待问题，培养团队合作和沟通技能。将学生带到实地进行数学考察和调查，让他们在实际环境中应用数学知识。例如，在学校周围测量花坛的面积、统计校园内的植物数量等，通过实地考察培养学生观察和实验的能力。在教学中鼓励学生主动提出问题，而不仅仅是回答问题。这可以培养学生发现问题的能力，激发他们对数学学科的好奇心。教师可以引导学生提出和问题相关的数学概念，然后一起进行解决。在解决问题的过程结束后，引导学生进行反思和总结。让他们回顾整个问题解决的过程，分析哪些方法更有效，哪些策略更实用。这可以巩固他们的学习经验，提高问题解决的能力。学生能够在实际问题和场景中深入理解数学知识，同时培养他们在解决问题过程中的主动学习、探索和合作能力。这样的探究性学习方法使数学学科更具有趣味性和实用性，激发学生对数学学习的兴趣。

三、强调数学思维的培养

在小学阶段，数学教育不仅应关注计算技能的传授，更应注重培养学生的数学思维，包括抽象思维、推理思维和创造性思维。通过启发性的问题和案例，可以引导学生深入思考，培养他们更为综合和深刻的数学思维。引导学生逐步理解和运用抽象的数学概念。可以通过将具体问题逐渐转化为抽象的数学符号和表达式，帮助学生理解抽象思维。例如，通过具体的实例引导学生思考加法和减法的抽象概念，从而使其更好地理解运算的本质。提供各种逻辑推理的问题，引导学生根据已有信息推断出新的结论。这可以通过数学谜题、逻辑问题等方式实现。例如，设计一个有关数学模式或规律的问题，让学生通过观察和推理找到规律，并预测下一个数字。提供能够激发学生创造性思维的数学问题，鼓励他们提出新颖的解决方法或思考角度。通过设计开放性的问题，如让学生发明一个数学游戏或设计一个数学图案，培养他们的创造性思维。设计引人深思的启发性问题和案例，激发学生的兴趣和主动思考。这些问题和案例可以涉及日常生活、自然现象、历史事件等多个领域，引导学生从多个角度思考数学的应用和意义。提供不同形式的问题，包括文字题、图表题、实际问题等，培养学生在不同情境下运用数学知识的能力。通过多样化的问题形式，帮助学生灵活运用数学思维解决各类问题。创造积极互动的学习环境，让学生通过小组合作、班级讨论等形式，共同探讨和解决问题。这样的学习环境可以促使学生互相启发，分享不同的思考方式，培养团队协作和沟通能力。鼓励学生主动提出问题，培养他们发现问题的能力。通过回答学生提出的问题，教师可以引导他们深入思考，拓展对数学知识的理解。学生不仅可以学到具体的数学知识，更能够培养抽象思维、推理思维和创造性思维，使其对数学有更深刻的理解和应用。这样的数学教育方法可以培养学生的综合素养，为未来更高层次的数学学科学习打下坚实的基础。

四、注重跨学科整合

将小学数学与其他学科结合，形成跨学科的知识体系，可以通过引入实际问题和情境，涵盖自然科学、社会科学等领域，让学生在实际应用中体验数学的力量。引导学生通过数学概念解决自然科学问题。例如，在学习测量时，可以涉及物体的长度、重量等，让学生通过测量实验体验数学在物理世界中的应用。通过这种方式，培养学生对数学的实际感知能力，提高他们对自然科学的兴趣。将社会科学的内容融入数学教学中。例如，在学习统计时，可以通过调查班级同学的兴趣爱好、制作柱状图或饼图，让学生在数学学习中了解和运用社会科学的方法。这可以培养学生的数据分析和图形表示能力。结合地理知识进行数学学习。在学习面积时，可以通过地图测量城市或国家的面积，让学生在解决实际地理问题中运用数学概念。这样的跨学科学习可以加深学生对地理概念的理解。利用艺术元素拓展数学学科。在学习几何时，可以通过绘制图案、制作抽象艺术，让学生通过创造性的方式体验几何学的美感，同时培养他们的艺术欣赏能力。在解决实际问题时，鼓励学生使用清晰的语言表达解决问题的步骤和方法。这可以培养学生的逻辑思维和语言表达能力，促使他们能够清晰地将问题的解决思路传达给他人。结合体育运动进行数学学习。例如，在学习测量时，通过测量运动场地的长度、距离等，让学生在实际的体育场景中体验数学的测量应用。利用历史事件进行数学探究。在学习时间的概念时，可以通过分析历史事件发生的时间顺序，让学生了解数学在时间表达和计算中的作用。将小学数学与其他学科结合，学生能够在实际问题中感受数学的实际应用，同时培养他们对其他学科的兴趣。这样的跨学科学习能够使数学更贴近学生的生活和实际需求，提高他们对数学学科的认知和学习积极性。

五、灵活运用教学方法

结合学生的兴趣和特点，采用多元化的教学方法，如小组合作学习、项目式学习、游戏化教学等，激发学生学习兴趣，提高其学习积极性。学生正处于社交发展的关键阶段，小组合作学习能够培养他们的团队合作能力。通过共同解决问题、讨论学习内容，使学生学会倾听、分享、协作，提高他们的社交技能。小组合作学习可以促使学生互相帮助、互相学习。擅长某个领域的学生可以通过与其他组员分享知识，增强对知识的理解，同时提高其他组员的学习效果。设计学生能够理解和感兴趣的项目，使学生在解决实际问题的过程中学习数学知识。例如，设计一个关于建造模型房屋的项目，要求学生考虑到房屋的形状、尺寸、面积等数学概念。项目式学习可以培养学生的综合素养，包括解决问题的能力、团队协作能力、创造性思维等。通过项目式学习，学生可以发展各方面的技能，不局限于数学知识。游戏化教学可以增加学习的趣味性，使学生在轻松愉快的氛围中感受到学习的乐趣。例如，通过数学游戏，学生在娱乐中掌握数学概念，提高学习积极性。学生喜欢竞争，游戏化教学中可以设置竞赛元素。通过比赛，学生可以更积极主动地参与学习，增强学习的目标感，同时激发对数学学科的兴趣。学生对身临其境的学习方式更感兴趣。通过实地考察和实践活动，如测量校园中的建筑物高度、观察植物生长等，学生可以直观地感受数学在现实生活中的应用，提高学习的实用性和兴趣。实地考察和实践活动能够锻炼学生的观察和实践能力，培养他们运用数学知识解决实际问题的技能。通过亲身体验，学生更容易理解抽象的数学概念。尊重学生的个体差异，采用差异化教学方法，满足不同学生的学习需求。根据学生的兴趣、水平和学习风格，提供个性化的学习材料和任务，使每个学生都能找到适合自己的学习方式。在兴趣点上整合不同学科的内容，使学生在学习中体验到不同学科之间的联系，提高学科的整体认知。这些多元化的教学方法，可以更好地满足学生天生的好奇心、求知欲和活跃性。学生在积极、愉快的学习环境中，更容易保持学习的兴趣，从而更好地掌握数学知识。这些多元化的教学方式也能够促进学生综合素质的发展，培养其解决问题、创造性思维和团队协作等综合能力。

六、强化实践操作

在小学阶段，让学生通过实际操作来理解数学概念是一种高效而直观的教学方法。通过使用教学器材、实地考察等方式，学生可以亲身体验数学概念，从而更容易理解抽象的数学概念。使用具体的教学器材，如拼图、几何图形模型、计数棒等，让学生能够直观地看到和触摸数学概念。例如，在学习几何形状时，通过使用几何图形的实物模型，学生可以更好地理解形状的属性和特征。引入计算器、尺子、天平等实用的计算工具，让学生在实际的测量和计算中体验数学的应用。通过实际操作这些工具，学生可以更好地理解数学运算的过程和原理。带领学生进行实地考察，如测量教室的面积、长度、观察不同物体的质量等。通过亲身测量和观察，学生能够深刻理解数学中的测量和计量概念，同时培养实际应用的能力。在户外进行实地考察，如观察周围的建筑物、道路等，让学生找到和识别不同的几何形状。这样的实地观察可以巩固他们在课堂上学到的几何概念。设计与学生生活和实际经验相关的数学问题，鼓励学生通过实际问题的解决来理解数学概念。例如，在购物时计算折扣、规划活动时间等，让学生将数学运用到日常生活中。创造数学游戏和拓展活动，让学生在游戏中体验数学的趣味。例如，通过玩益智游戏、数学竞赛等方式，学生能够在娱乐中培养思考和解决问题的能力。在小组合作中，设计一些需要分工合作、共同解决的数学问题。例如，通过建造模型、制作数学展板等项目，培养学生合作解决问题的团队意识和动手能力。引导学生通过实际操作发现数学规律。例如，在使用计算工具或教学器材进行实验时，学生能够自主观察、实践，从中发现数学规律，提高他们发现问题和解决问题的能力。学生在实际操作中能够直观地感受数学概念，更容易理解和掌握抽象的数学知识。这样的教学方式既激发了学生对数学学科的兴趣，又培养了他们实际运用数学知识解决问题的能力。

七、个性化教学

关注每个学生的学科兴趣、学习风格和学科水平，采用个性化的教学方法，确保每个学生都能在适合自己的学习环境中充分发展。

在学期初或学年初，进行一次调查，了解每个学生对不同学科的兴趣。这可以帮助教师更好地定制教学内容，使之更符合学生的兴趣和喜好。学年初进行入学评估，了解学生的学科水平。通过这样的评估，教师可以迅速识别每个学生的强项和需要提升的学科，有针对性地制订教学计划。进行定期的小测验或考试，及时发现学生的学科水平变化，从而调整教学策略，确保个性化的教学计划得到满足。针对学生不同的学科水平，布置不同难度和复杂度的任务。对于有些掌握较快的学生，提供更深入、拓展性的任务；对于有些需要额外帮助的学生，提供更为基础的任务，以确保每个学生都能在适合自己水平的范围内学习。根据学生的学科水平和学习风格，制订个性化的学习计划。这包括不同的教材、学习活动和考核方式，以满足每个学生的需求。结合多媒体教学资源，如视频、音频、图表等，满足不同学生的学习风格。通过多样化的资源，能够更好地激发学生的兴趣，提高他们的学科理解和应用能力。利用实物、模型等展示教学内容，使学生通过触觉和视觉感受更好地理解抽象的概念。这对于一些更偏向实际操作的学生是有效的教学手段。提供一对一的辅导机会，针对学生的具体问题进行详细解答。这可以满足学生的个体差异，解决他们在学科学习上的困难。给予每个学生具体、个性化的反馈，指导他们在学科学习上的进步和改进方向。通过及时的个性化反馈，学生更清晰地了解自己的学习状态，从而更有针对性地改进。为学生提供既有小组合作又有独立学习的机会。一些学生适应小组环境，而另一些学生更喜欢独立学习。教学环境的灵活性可以满足不同学生的需求。根据学生的学习风格，提供丰富多样的学习资源和活动。一些学生喜欢视觉呈现，一些倾向于听觉方式，还有些更适应动手实践。因此，教学方法可以灵活地结合这些不同的学习风格。学生可以在更适合自己的学习环境中充分发展，提高学科学习的积极性和深度理解。教师的关注和个性化的教学方法可以帮助每个学生都得到恰当的支持，最大限度地发挥他们的潜力。

八、培养解决问题的能力

在小学阶段侧重培养学生解决实际问题的能力，使他们学会将数学知识应用到实际生活中，这对提高数学的实际运用价值是非常重要的。

在设计教学活动时，选择贴近学生生活的实际问题，如购物、分配食物、校园规划等。这样的问题可以引起学生的兴趣，同时激发他们运用数学知识解决实际问题的欲望。将学科内容融入项目式学习，要求学生通过团队合作解决一个实际问题。比如，在学习面积时，可以设计一个小组项目，要求学生规划和设计一个小花园，考虑植物的面积和布局。将学生的日常任务与数学知识结合起来，如制订课堂值日表、设计班级活动计划等。通过这些任务，学生能够在实际中应用数学概念，同时感受到数学的实用性。组织有趣的数学游戏，让学生在游戏中运用数学知识解决问题。例如，设计数学谜题比赛，鼓励学生通过合作和竞争的方式解决实际问题，提高数学实际运用的趣味性。鼓励学生参加小学数学竞赛，这既能培养学生对数学的热爱，又能锻炼他们解决实际问题的能力。安排学生进行实地考察，如测量教室的面积、观察校园的布局等。通过实际测量和观察，学生能够更直观地应用数学知识，感受数学在实际中的作用。鼓励学生主动探索周边环境中的数学问题，比如在户外测量树木的高度、记录不同楼层的步数等。通过实地探索，学生能够更深入地理解数学的实际运用。

引导学生通过探究性学习的方式解决问题。例如，在学习时间的概念时，提出一个问题，让学生设计自己的时间表，通过安排各项活动来解决实际问题。鼓励学生在解决问题时进行思辨和猜想，培养他们的创造性思维。提出一些富有挑战性的问题，激发学生尝试不同的解决思路。鼓励学生将学到的数学知识与生活经验相结合，通过日常生活中的问题激发他们对数学的实际运用兴趣。比如，在购物时计算价格、在旅行中度量距离等。制作教学案例时，将数学问题嵌入真实的情境中。通过这种方式，学生更容易理解抽象概念，并能够将学到的知识运用到实际问题的解决中。学生在解决实际问题的过程中不仅能够提高数学的实际运用价值，还能培养解决问题的能力、创造性思维和实际运用技能。这样的教学策略可以使学生更好地理解数学的实际应用，培养他们的数学兴趣，为将来更高层次的学习奠定基础。

九、家校合作

在小学阶段，与家长建立有效的沟通渠道是非常重要的，这可以帮助家长了解学生在数学学科中的表现，并提供相应的支持。家庭环境对于培养学生的数学兴趣和能力同样至关重要。定期举行家长会议，向家长报告学生在数学学科中的学习表现。这包括学生的学科成绩、参与课堂活动的情况、数学作业的完成情况等。通过这种方式，家长可以及时了解孩子在数学学科中的学习进展。定期组织数学学科相关的家长工作坊，邀请专业的数学教师进行讲解和交流。在工作坊中，家长可以更深入地了解学校的数学教学理念、课程设置以及如何在家中支持孩子的数学学习。

利用学校的电子平台或在线教育平台，及时分享学生的数学作业本和课堂笔记。这样，家长可以随时查看孩子的学习进度，了解他们在数学学科中遇到的难题，并提供针对性的帮助。定期邀请数学领域的专业人士举办讲座或分享会，为家长提供有关数学学科最新发展和教育方法的信息。这可以帮助家长更好地理解数学学科的重要性，提高他们对孩子学习的支持度。创造多样化的沟通方式，包括线上线下的沟通，让家长能够选择最适合他们的方式。如电子邮件、电话沟通、家访等。保持开放性的沟通渠道可以及时了解学生在数学学科中的学习状态。在学校的电子平台上分享数学家庭作业的指导，帮助家长更好地了解孩子学习的内容。同时，分享一些数学学科的学习资源，使家长能够在家中为孩子提供额外的支持。提倡家长与孩子一起参与数学学科的学习，如通过解数学问题、玩数学游戏等方式。积极的亲子学习活动可以帮助家长更深入地了解孩子的学科学习需求。除了关注学科成绩，也要重视学生的学习态度和兴趣。通过建立有效的沟通渠道，家长能够更好地帮助学校的教育工作，了解学生在数学学科中的表现，从而提供更有针对性的支持和指导。这不仅可以帮助学生更好地学习数学，也能促进学校与家庭之间的紧密合作。

第三节　数学核心问题提升核心素养的逻辑关联

小学数学核心问题的提出是为了更好地促进学生的核心素养发展，使其在数学学科中具备全面的学习能力。核心问题与核心素养之间存在着密切的逻辑关联，通过深入研究核心问题，我们能够更加有针对性地培养学生的数学思维、问题解决能力和实际运用技能。下面让我们一同探讨小学数学核心问题如何成为培养学生核心素养的关键切入点。

一、问题解决能力

小学数学教育的一个核心目标是培养学生的问题解决能力。通过解决各种数学问题，学生不仅学会了数学知识，还培养了分析问题、提出解决方案和评估解决方案的能力。这种能力不仅在数学领域中有用，而且在生活中和其他学科中也有广泛的应用。

通过解决各种数学问题，学生掌握了分析问题的能力。这包括识别问题的关键要素、理解问题的背景和条件，以及确定问题解决的途径。这种分析问题的能力在解决数学问题的同时，也为学生在日常生活和其他学科中面对各种问题时奠定了基础。

解决数学问题需要学生能够提出合理、有效的解决方案。在这个过程中，他们学会了运用已有的数学知识和技能，创造性地应用这些知识来解决问题。这种能力不仅对数学领域有用，还培养了学生在各种情境下找到解决方案的灵活性和创造性思维。

学生通过解决数学问题，培养了评估解决方案的能力。这包括对解决方案的合理性、有效性和适用性进行判断。学生学会通过自主思考和与他人讨论，对不同解决方案进行比较和评价，从而提高他们的判断力和批判性思维。

通过数学问题的解决，学生培养了一种跨学科的问题解决能力。他们能够将数学的分析、解决问题的方法应用到其他学科中，如科学、工程和社会科学等领域。同时，这些能力也在日常生活中有广泛的应用，如解决实际生活问题、做出决策等。

解决数学问题要求学生主动学习和探索。通过这个过程，学生养成了主动学习的习惯和态度。他们更加愿意面对新的挑战，积极主动地寻找解决问题的方法，培养了自主学习的能力。

通过解决各种数学问题，小学数学教育培养了学生分析问题、提出解决方案和评估解决方案的能力，这些能力不仅在数学领域有用，还在学科交叉和日常生活中发挥着重要作用，为学生未来的全面发展奠定了基础。

二、数学思维

小学数学的核心问题可以培养学生的数学思维，包括抽象思维、逻辑思维和空间思维。通过理解和解决问题，学生能够发展出更强的逻辑推理和推断能力，这对数学以及其他学科都是至关重要的。

小学数学的核心问题涉及抽象概念和符号。例如，在解决代数问题时，学生需要将实际情境转化为符号表示，培养了抽象思维的能力。通过这个过程，学生不仅掌握了解决具体问题的方法，还培养了从具体到抽象、从抽象到具体的思考方式，这种抽象思维在数学和其他学科中都是至关重要的。

小学数学核心问题要求学生进行系统性的思考，按照一定的逻辑规律解决问题。例如，在解决数列问题时，学生需要分析数列的规律并推导出下一个数。这种逻辑思维的培养不仅使学生在数学中更为灵活，也使他们能够更好地理解问题、分析问题、提出解决方案，并在其他学科中运用逻辑思维解决各种问题。

数学中的很多问题涉及空间关系，如几何图形的性质、图形的变换等。通过解决这些问题，学生培养了空间思维的能力，能够想象和理解物体在空间中的相对位置和变化。这对于几何学科以及其他需要空间想象力的学科，如物理学、工程学等，都具有重要的启发作用。

在解决数学问题的过程中，学生需要进行逻辑推理和推断。他们需要通过有限的信息，推断出未知的结果，这培养了学生的假设性思维和问题解决的能力。这种推理和推断能力对于解决生活中的问题和理解复杂问题都是非常重要的。

在解决数学问题的过程中，学生常常需要处理整体与部分之间的关系。例如，理解一个数学问题分解成多个小问题，然后综合各个小问题的解决方案。这种思维方式可以培养学生分析问题的全局观念，促使他们在处理复杂问题时能够更好地整合各个方面的信息。

小学数学核心问题通过引导学生理解和解决问题，促使他们发展出更强的抽象思维、逻辑思维和空间思维。这些思维方式不仅在数学学科中有着直接的应用，还为学生在其他学科和实际生活中提供了有力的认知工具。

三、沟通表达能力

参与小组讨论、解释解决问题的步骤以及展示解决方案是培养学生数学沟通表达能力的有效途径。这种沟通能力不仅可以巩固他们的数学理解，还促进了与同学和教师之间的有效沟通，强调了数学作为一门语言的重要性。

学生在参与小组讨论时，他们需要与同学共同探讨解决问题的方法和思路。在这个过程中，学生不仅能够学到不同的解决思路，还需要表达自己的观点，倾听他人的意见，学会合作。通过解决问题的小组讨论，学生能够培养清晰表达观点的能力，提高语言表达水平。

在解决数学问题的过程中，学生需要逐步展示他们的解决思路和步骤。通过解释解决问题的步骤，学生不仅能够加深对问题的理解，还能够培养将思维过程用语言清晰表达的能力。这可以帮助他们建立自信，同时也使他们的数学思考更加透明。

学生被鼓励在班级或小组中展示他们的解决方案。通过展示解决方案，学生需要使用清晰的语言和逻辑结构向同学和教师传达他们的思考过程。这不仅是对个体表达能力的锻炼，还为学生提供了分享和交流的机会，激发了他们对数学的兴趣。

数学作为一门语言，要求学生具备有效沟通的能力。参与小组讨论、解释解决问题的步骤以及展示解决方案，不仅要求学生能够清晰地表达自己的观点，还要求他们能够理解和回应他人的观点。通过这种相互交流的过程，学生逐渐培养了与同学和教师进行有效沟通的技能，这对于他们在学业上的成功和社交中的交往都具有重要意义。不断参与数学沟通，学生能够逐渐提高自己的表达能力和沟通技巧，从而增强对数学的自信心。这种自信心不仅对数学学科的学习有帮助，还对学生在其他学科和生活中的表达和沟通产生了积极影响。

通过小组讨论、解释解决问题的步骤以及展示解决方案，学生可以在数学学科中培养出色的沟通表达能力。这种能力不仅对数学学科的深入理解有着积极的影响，还为学生未来的学习和社交奠定了坚实的基础。

四、创造性思维

小学数学的核心问题也可以激发学生的创造性思维。通过提出开放性的问题和多样性的解决方案，学生学会了灵活运用数学知识，培养了创造性解决问题的能力。这对于培养未来的创新者和问题的解决者至关重要。

开放性问题没有唯一的解决方案，它鼓励学生从不同的角度思考问题。这种问题的设计可以激发学生的好奇心和求知欲，促使他们追求更深入的数学理解。例如，一个开放性的几何问题可能是"有哪些方法可以构造一个等边三角形"？这样的问题鼓励学生尝试多种可能的构造方法。

在解决数学问题时，不同的学生会采用不同的方法和策略。提出多样性的解决方案可以促使学生展现出个性化的数学思维。通过分享和比较不同的解决方案，学生可以学到问题有多种解决途径，培养他们对问题的多角度理解和分析的能力。

创造性思维是指学生能够独立地、有创意地运用数学知识解决问题。通过应对开放性问题，学生需要思考新的方法和创意的解决方案，这培养了他们独立思考和创造性解决问题的能力。这种思维方式对于未来的创新者至关重要，因为创新往往来自对问题的独特而创造性的见解。

开放性问题与实际生活中的情境相关，学生需要将抽象的数学概念与具体的情境相结合，提出解决方案。这培养了学生在实际问题中灵活运用数学知识的能力，增强了他们解决实际问题的信心。

开放性问题能够激发学生对数学的兴趣，因为这些问题不是死记硬背知识点，而是需要学生主动思考和探索。这种主动性和兴趣的培养可以帮助学生形成积极的学习态度，从而更自主地学习数学。

提出开放性问题和多样性的解决方案，小学数学核心问题激发了学生的创造性思维，为培养未来的创新者和问题解决者的能力奠定了基础。这种创造性思维不仅对数学学科有益，还对学生未来在各个领域的创新和发展具有深远的影响。

五、自主学习能力

在小学数学核心问题的解决过程中，学生需要主动探索、学习和应用知识。这培养了学生的自主学习能力，使他们能够在面对新的问题和挑战时，更加积极主动地寻找解决方案。

核心问题设计成能够引导学生主动思考、提问和探索的形式。学生在解决问题的过程中，需要主动寻找相关的知识，并运用这些知识去理解问题、提出解决方案。这种问题导向的学习方式激发了学生的求知欲望，使他们更愿意主动学习。

小学数学核心问题的解决要求学生不是被动地接受知识，而是积极主动地寻找、理解和应用知识。这种学习态度培养了学生主动探索的习惯，使他们更愿意在学习中主动思考问题，而不是简单地记忆知识点。

解决数学核心问题需要学生将数学知识与其他学科知识相结合，如将几何知识应用到实际问题中。这促使学生在解决问题的过程中涉足不同学科，培养他们的跨学科学习能力，使他们能够更全面地理解问题和找到解决方案。

核心问题鼓励学生将已学知识灵活地运用到新的情境中。这个过程不仅是对知识的巩固，更是对知识的深度理解和应用。学生在面对新问题时能够灵活运用已有的知识，能培养他们在实际情境中解决问题的能力。

小学数学核心问题的解决强调学生在解决问题的过程中主动思考和寻找解决方案。这种主动性的学习过程培养了学生的问题解决能力，使他们能够更独立地应对各种挑战，不仅仅是数学问题，还包括生活中的实际问题。

参与解决数学核心问题，学生逐渐形成自主学习的习惯。他们习惯性地在面对新问题时主动去寻找相关知识、思考解决方法，这种自主学习的习惯将成为他们未来学习和工作的重要素养。

小学数学核心问题的解决过程强调学生的主动性，鼓励他们主动探索、学习和应用知识。这种学习方式培养了学生的自主学习能力，使他们能够更加积极主动地迎接新的问题和挑战，为未来学业和生活的成功奠定了坚实的基础。

六、数学素养

解决小学数学核心问题不是为了迎合考试，而是为了真正理解和应用数学，形成扎实的数学素养。数学素养是一个广泛而深刻的概念，包括数学思维、数学方法和数学实践等多个方面。通过核心问题的解决，学生能够全面发展这些数学素养。

数学思维是指学生对数学概念、问题和结论的深刻理解和逻辑推理能力。解决小学数学核心问题要求学生不仅要掌握基本的计算技能，更要培养他们的数学思维，包括抽象思维、逻辑思维和创造性思维。通过解决问题，学生不断思考、分析和推理，逐渐形成灵活、深刻的数学思维。

解决数学的核心问题需要学生熟练掌握各种数学方法，包括基本的运算、代数方法、几何方法等。而不同的核心问题往往需要综合运用这些方法，培养学生对数学方法的理解和应用能力。通过解决问题，学生深入了解数学方法的适用性，形成灵活的数学技能体系。

数学实践是将数学知识应用到实际问题中。核心问题的解决往往涉及实际情境，学生需要将抽象的数学概念应用到具体问题中。这种实践锻炼培养了学生将数学知识转化为实际应用的能力，使他们在解决实际问题时更有信心。

数学素养也包括学生解决问题的能力。解决小学数学核心问题不仅是单纯的计算，更是培养学生分析问题、提出解决方案、评估解决方案的综合能力。这种解决问题的能力对学生在学业和生活中都具有重要意义，使他们能够更好地应对各种挑战。

通过解决核心问题，学生能够在数学思维、方法和实践等多个方面形成数学素养。这种全面的素养不仅可以帮助学生在数学学科中进行深度理解和应用，还为他们未来更高层次的学习和职业发展奠定了坚实的基础。

通过解决小学数学核心问题，学生不仅能够应付考试，更能够真正理解和应用数学，形成扎实的数学素养。这种素养不仅对数学学科有益，还为学生在未来学业和职业生涯中提供了关键性的认知工具和能力。

小学数学核心问题的解决过程涉及解决问题、思维方式、沟通能力、创造性思维和自主学习等多个方面，这些方面相互交织、相辅相成，共同提升学生的全面素养。

第三章　培根数学的实践策略

在小学数学教育的初期，培根数学的实践策略扮演着关键的角色，旨在为学生奠定坚实的数学基础，同时激发他们对数学的浓厚兴趣。培根数学注重通过实际的学习体验，引导学生探索数学的奥妙，培养他们的数学思维和解决问题的能力。本章将提供一些有效的实践策略，帮助学生在小学阶段建立积极的数学学习态度。

第一节　扎根数学根源　培养数学眼光

在小学数学的教育过程中，培养学生对数学的深刻理解和广阔视野是至关重要的。扎根数学根源，旨在引导学生从早期开始培养数学的眼光，不仅仅局限于简单的计算和记忆，而是致力于培育他们对数学本质的洞察力。通过这一过程，学生能够在数学的世界中建立牢固的基础，为未来更复杂的数学学科打下坚实的基础。以下是一些简要的思考，探讨如何在小学数学中扎根数学根源，培养学生的数学眼光。

一、情境化学习

将数学知识嵌入实际情境中，通过日常生活中的问题、故事情节或实际应用场景，激发学生对数学的兴趣。例如，通过购物、游戏或家庭活动中的问题，引导学生在真实的情境中运用数学知识，从而培养他们对数学实用性的认识。在购物情境中，引导学生理解定价和打折的概念。例如，如果某物品原价100元，打八折，学生需要计算实际支付的金额。这可以培养学生的百分数概念和实际计算能力。提出找零的情境，让学生在购物时模拟付款和找零的过程。这可以巩固学生对减法的理解，同时培养他们在实际生活中灵活运用数学的能力。在游戏中引入得分和排名，让学生进行比较和分析。例如，如果一个团队得到了 15 分，而另一个得到了 20 分，学生可以学会进行简单的减法运算，同时理解大小关系。利用掷骰子的游戏情境，引导学生计算点数的总和。这可以巩固学生的加法技能，同时培养他们在游戏中运用数学进行决策的能力。在烹饪或调配食谱的过程中，学生可以学习比例和分数的概念。例如，如果一个食谱是原材料的 1/2，学生可以学会计算和理解分数的含义。在家庭活动中，引导学生规划时间，如完成家务或准备活动。这可以培养学生对时间的感觉，巩固他们的时间单位和时间计算能力。将数学知识嵌入这些实际情境中，学生将在真实的生活场景中应用数学，培养他们对数学实用性的认识。这种实践性的学习方式使数学不再是抽象的概念，而是与日常生活紧密联系的有趣而实用的工具。这样的教学方法不仅提高了学生对数学的兴趣，也为他们建立起更坚实的数学基础。

二、启发性问题

在小学数学教育中，提出开放性问题是一种有效的教学策略，能够激发学生的思考、讨论和尝试解决问题的能力。这种方法不仅使学生超越简单的答案，更深入思考问题的本质，培养他们主动追求数学深度的意愿。问题设计要考虑多样性，鼓励不同的思考和解决途径。这样能够满足不同学生的学习风格和能力水平，促使每位学生都能在问题中找到挑战点和兴奋点。问题应该具有引发思考的特点，避免简单的直接计算，要求学生深入思考问题的内涵，理解问题的本质，并提出解决的方法。将问题融入实际情境，使学生能够将数学与生活联系起来。这样的问题不仅能够激发兴趣，还能够培养学生将抽象的数学概念应用到实际中的能力。将学生分成小组，共同讨论问题，交流思路和解决方法。小组合作可以激发学生间的互动，促进思想碰撞，让他们从不同的角度看待问题。鼓励学生展示解决问题的思考过程，而不仅仅是得出答案。这可以培养学生清晰表达数学思想的能力，同时让其他同学从中学到解决问题的方法。提出一个开放性的数列问题，例如，"有一个数列，前两项是 1 和 2，后面的项是前两项的和，你能找到这个数列的规律吗？"这个问题可以引导学生探索数列的特性，培养他们寻找规律的能力。给出一个几何构造问题，例如，"使用直尺和圆规，构造一个正方形，然后再构造一个内切于该正方形的圆。请思考，是否存在其他的构造方法？"这个问题鼓励学生尝试不同的构造方式，培养他们的创造性思维。鼓励学生注重解决问题的过程，而不仅仅是得出正确答案。这种关注过程的态度可以培养学生面对挑战时的耐心和毅力。培养学生容忍错误的心态，将错误视为学习的一部分。通过讨论错误的原因和改正方法，学生能够从错误中学到更多。通过提出开放性问题，小学教育能够激发学生对数学的深度思考，培养他们主动追求数学深度的意愿。这种方法可以建立积极的学习氛围，让学生在解决问题的过程中培养数学思维和创造性解决问题的能力。

三、数学探究

数学探究是一种强调学生自主提出问题、构建模型、进行实验和总结经验的学习方法。在小学数学教育中，这种探索性学习可以发展学生的独立思考和解决问题的能力，培养他们对数学主题的好奇心和主动性。通过引入一个引人入胜的问题或情境，激发学生的兴趣。提出一个关于日常生活中的实际问题，例如"你家楼下的台阶有多少级？"以引起学生的好奇心。将学生分成小组，让他们自由讨论问题、分享想法，并提出可能的解决途径。这样的小组活动能够促进学生间的合作和思想碰撞。培养学生提出问题的好奇心，鼓励他们在实际生活中发现并思考数学问题。这可以建立学生对数学问题的兴趣。强调问题的开放性，即问题没有唯一的解决方法，鼓励学生多样性的思考和解决途径。例如，"有多少种方法可以用小正方形拼成一个大正方形？"引导学生构建数学模型，以解决提出的问题。这包括绘图、图表、物体模型等方式，让学生将问题具体化，并形成解决的框架。学生进行实验并观察结果，以验证他们的模型和假设。例如，在解决拼图问题时，学生可以尝试不同的排列方式，并观察每种方式的效果。引导学生总结实验的经验和观察结果，帮助他们理解问题的解决过程。这可以培养学生对实验数据和数学模型的分析能力。

学生在小组或全班中分享他们的探究成果。通过分享，学生不仅能够展示他们的解决方案，还可以学习到其他同学不同的思考方式，促进互相学习。教师在学生探究的过程中扮演引导者的角色，帮助学生思考和解决问题。提供引导性的问题，引导学生深入探究。教师在适当的时机给予学生及时的反馈，强调解决问题的方法和过程。鼓励学生面对挑战，从错误中学习。通过数学探究，学生能够在实践中培养独立思考和解决问题的能力。这种学习方式激发了学生对数学的好奇心和主动性，使他们更加深入地理解数学概念，并在解决实际问题中运用数学知识。这不仅促使学生对数学产生浓厚兴趣，也为他们未来更高层次数学学科的学习打下坚实的基础。

四、跨学科整合

在小学阶段，将数学与其他学科整合，通过与科学、文学、艺术等学科的交叉点，可以帮助学生更全面地理解数学在不同领域中的应用，从而形成更宽广的数学视野。学生可以通过观察自然现象，如天气、植物生长等，了解数学在建模和预测方面的应用。例如，他们可以使用图表记录温度变化，学习制作简单的图表和图形。实验设计是科学方法的一部分，而统计则是数学的一部分。学生可以设计简单的实验，然后使用基本的统计概念来分析结果，如平均值、图表等。小学数学问题可以与语言艺术相结合，要求学生用文字描述解决问题的步骤。这可以培养学生的逻辑思维和表达能力。教师可以编写或选择与数学相关的故事，通过故事情节引导学生理解数学概念，并在故事中布置一些解决问题的数学任务。几何形状和图形可以与绘画结合，让学生通过绘画更好地理解几何概念。例如，通过绘制不同形状的建筑物或景物，学生可以加深对几何形状的理解。节奏感可以与数学的计数和模式相联系。学生可以通过学习音乐节奏来理解数学中的重复和模式。学生可以学习如何进行简单的调查，并使用收集到的数据进行统计分析。这可以帮助他们理解数学在社会科学研究中的应用。学生可以使用时间线和日历等工具来学习数学中的时间概念，并将其与历史事件联系起来。通过这样的整合，学生能够在小学阶段培养跨学科的思维方式，认识到数学不仅仅是在数学课堂上使用的工具，还是解决各种实际问题的重要工具。这种全面的数学视野不仅可以帮助学生更好地理解数学的实际应用，也能为他们未来更深入的学科学习奠定基础。

五、强调实用性

强调数学在解决实际问题中的实用性，让学生认识到数学是一个强大的工具，能够用来解决生活中的各种难题。通过实例和案例，激发学生对数学实际应用的兴趣，帮助他们建立更具实用性的数学眼光。

小学数学的基础知识为解决实际问题奠定了坚实的基础。例如，学生通过学习加减乘除等基本运算，可以在日常生活中轻松处理购物、计算零花钱和分配食物等问题。这些简单的数学技能直接应用于实际情境，让学生认识到数学是解决日常难题的利器。小学数学培养了学生的逻辑思维和问题解决能力。数学不仅仅是一系列公式和计算，更是一种思考问题、分析情境并找到解决方案的方法。例如，学生学习简单的应用问题，可以训练他们运用数学思维解决实际难题的能力。这种训练为学生将来面对更加复杂的问题时将发挥重要作用。小学数学可以通过有趣的实例引发学生对数学的兴趣。教师可以结合生活中的实际问题，设计生动有趣的数学问题，让学生在解决问题的过程中感受到数学的乐趣。例如，通过购物、建筑、游戏等场景，展示数学在实际中的应用，使学生在学习数学的过程中能够更好地理解和欣赏数学的实际用途。实际问题的解决往往需要更深层次的数学知识，而小学阶段培养的数学思维和解决问题的能力为学生将来深入学习数学打下坚实的基础。这不仅可以帮助学生更好地理解和应用数学，也为他们未来选择相关职业奠定了基础。小学数学在解决实际问题中具有显著的实用性，可以培养学生的实际问题解决能力和数学思维。通过有趣的实例和案例，可以激发学生对数学实际应用的兴趣，帮助他们建立更加实用的数学眼光，为将来更深入的数学学习和职业发展奠定坚实的基础。

六、创造性解决方案

鼓励学生提出多样化、创新性的解决方案是培养他们数学思维的重要方式。通过比较和分享不同的解决途径，可以帮助学生认识到数学问题有多元性，从而拓展他们的数学眼光。小学数学教育可以注重培养学生的问题解决意识。教师可以设计一些开放性的问题，鼓励学生提出自己的解决方案。这样的问题有多种解法，促使学生思考不同的途径，培养他们发散性思维。例如，可以提出一个实际问题，让学生用多种方式解决，然后比较不同方法的优缺点。教师可以组织学生分享他们的解决方案，形成学习共同体。在分享过程中，学生有机会了解到同一问题可以有不同的解决思路，激发他们对数学问题多元性的认识。这种交流还可以促使学生学会从他人的角度审视问题，进一步开阔他们的数学视野。引入一些趣味性的数学问题和游戏，激发学生的兴趣。例如，可以设计一些挑战性的数学游戏，让学生通过合作和竞争的方式寻找解决方案。这样的活动既能培养学生的团队协作精神，又能让他们从不同的角度思考问题，形成创新性的解决方案。教师可以鼓励学生使用图形、图表等多种形式来表达和解决问题。这样的方法不仅能够锻炼学生的图形思维，还能让他们在解决问题时灵活运用不同的数学工具，培养创新性思维。教育应该强调数学并非死板的规则和公式，而是一个灵活的思维工具。通过在小学阶段培养多元性、创新性的思维，可以为学生将来深入学习数学打下坚实的基础，也为他们在实际生活中更好地应用数学提供了更多的可能性。通过这样的教学方法，不仅可以拓展学生的数学眼光，也能培养他们对数学的兴趣和自信心。小学数学教育能够实现扎根数学根源，培育数学眼光的目标。这样的数学学习方式不仅能够提高学生对数学的兴趣，更能够让他们形成更为全面、深刻的数学素养，为未来更高层次的数学学科学习打下坚实的基础。

第二节 夯实数学根基 培养数学思维

在小学数学教育的初期，夯实数学根基是培养学生坚实数学思维的首要任务。作为一门基础学科，数学构建了解决问题和推理的关键思维框架。在小学阶段，学生的数学基础奠定了未来更深入学习的基石。通过扎实的数学基础，不仅能帮助学生更好地理解抽象概念，还能培养他们在解决实际问题时的逻辑思考和创新能力。因此，通过巩固数学根基，教师为学生打开了通往数学世界的大门，为他们未来的学业奠定了坚实的基础。

夯实数学根基，培养学生的数学思维，是确保他们未来数学学科发展的关键步骤。在小学阶段，学生初次接触数学的基础概念和技能，这一时期的教育将直接影响他们对数学的态度和学科兴趣。

一、建立数学基本概念的直观认识

在小学数学教育中，重要的一步是确保学生对基本概念有清晰而直观的认识。例如，通过实物、图形、游戏等形式，让学生理解数量、形状、大小、方向等概念。这可以在后续学习中形成更牢固的基础。

利用具体的实物，如小球、积木等，让学生通过观察和操作理解数字的概念。例如，通过让学生拿着一定数量的小球，直观感受数字的大小。使用图形表达数字概念，比如将数字与相应数量的图案相联系，帮助学生建立数字形象的认知。例如，画出3个苹果，让学生知道"3"代表着这样的数量。将实物与相应的形状图形相结合，帮助学生认识不同形状的特征。例如，使用正方形的小盒子展示正方形的特点，并引导学生寻找身边事物中的正方形。利用实物比较大小，让学生通过直观感受了解大小的概念。例如，通过比较两个水果的大小，学生能够理解"大"和"小"的概念。利用实地体验，让学生在日常活动中感知方向。例如，在操场上做一些活动，引导学生认识"前""后""左""右"等方向。通过图形和游戏，让学生在玩乐中理解方向的概念。例如，在游戏中引导学生按照图示的方向前进，使他们在活动中建立方向感。

学生将数学概念从抽象的符号转化为实际的、直观的经验。这种直观的认识可以帮助学生更深刻地理解数学概念，为他们未来学习更复杂的数学内容奠定了坚实的基础。此外，通过实物、图形、游戏等形式的学习，也能激发学生的学习兴趣，使他们在数学学科中更加积极主动。这样的启蒙式教学方法将在小学数学教育中起到积极的推动作用。

二、注重数学操作的实际应用

引导学生将抽象的数学概念与实际生活相结合是小学数学教育中非常重要的一环。通过丰富的实际问题和情景，让学生在购物、游戏、建筑等场景中运用基本的数学运算，可以促使他们形成数学思维的实践意识。

在模拟购物场景中，让学生通过加法和减法计算购物商品的总价，以及找零的过程。这可以培养学生对数学运算在实际生活中的应用意识。引导学生理解打折和优惠的概念，并通过实际计算体会数学在折扣和优惠中的角色。利用各类游戏，让学生进行计分和排名，从而运用加法和比较大小等数学运算。这可以培养学生对数学在游戏竞技中的实际应用认识。通过掷骰子或抽卡的游戏，引导学生了解概率的概念，并在游戏中实际应用。这培养了他们对数学概念的直观理解。在建筑模型或搭积木的活动中，让学生进行测量和计算面积，运用长度和面积的数学概念。这能够让学生在实际操作中感受数学的实际用途。利用建筑活动，引导学生观察不同形状和结构，并在其中应用几何的概念。这可以将抽象的数学几何概念转化为实际的建构意义。

将数学概念与实际场景相结合，学生可以在解决实际问题的过程中感受到数学的实用性。这样的实际运用能够使学生更容易理解和记忆数学知识，同时激发他们对数学的兴趣。同时，学生在实际场景中运用数学知识，逐渐形成了将数学思维应用于解决问题的实践意识。这不仅可以帮助学生深入学习数学知识，还培养了学生将抽象概念转化为实际解决方案的能力，为未来的学习打下坚实的基础。

三、灵活使用教学工具和游戏

利用教学工具、游戏等形式培养学生对数学的兴趣是小学数学教育中的一项重要任务。通过数学棋盘、拼图、数学游戏等具体的教学工具和活动，可以在轻松有趣的氛围中激发学生对数学的兴趣，同时培养他们的数学思维能力。

利用数学棋盘上的棋子和规则，设计一些简单又富有趣味的游戏，让学生在玩中学、学中玩。例如，通过移动棋子来进行加减法运算，使学生在游戏中灵活运用基本运算。一些数学棋盘游戏需要学生进行战略思考，如围棋或象棋。这样的游戏能够培养学生的逻辑思维和问题解决能力，同时使其在游戏中学到数学的深层次应用。利用数学拼图，让学生在拼图的过程中认识不同的几何形状。通过拼图的方式，学生可以直观地感受到形状的特点，培养几何思维。学生也可以参与设计自己的数学拼图游戏，从中学到组织和规划的技能。这样的活动激发了学生的创造力和提高了对数学的主动参与。制作数字卡片，让学生通过游戏中的匹配活动学习数字的识别和配对。这可以巩固数字的概念，同时增加趣味性。制作带有数学问题的卡片，让学生通过解答问题在游戏中获得奖励。这种方式可以激发学生对数学问题的兴趣，同时促进他们主动学习。设计数学迷宫游戏，让学生在寻找出口的同时解决一系列数学问题。这样的游戏结合了趣味性和学习性，使学生在解决问题的过程中提升数学的学习技能。创设一些需要团队合作解决数学问题的游戏，培养学生的合作精神，同时让数学学习变得更有趣。

以上教学工具和游戏的运用，使学生能够在轻松、富有趣味性的氛围中学习数学，同时培养他们的数学思维能力。这种方式不仅使学生更积极主动地参与数学学习，也让他们在玩中发展出更强的数学兴趣，为未来数学学科的深入学习打下坚实的基础。

四、强调问题解决和推理过程

在解决问题的过程中，注重培养学生的逻辑思维和推理能力。通过引导学生提出问题、分析问题、寻找解决方案，培养他们对问题的系统性思考和解决问题的耐心与毅力。

鼓励学生在学习中主动提出问题，培养他们对问题的敏感性。例如，教师可以提供一个情景，让学生思考并提出相关的数学问题，激发他们的好奇心。引导学生学会将复杂的问题分解成更简单、可管理的部分。这可以培养他们分析问题的能力。例如，对于一个多步骤的问题，学生可以分别解决每一步，逐步逼近整体解决方案。在解决问题后，引导学生进行总结和归纳，帮助他们发现问题中的规律。这可以培养学生对问题整体结构的理解。鼓励学生寻找多种解决问题的途径。例如，在解决一个数学应用问题时，教师可以引导学生探索不同的计算方法，让他们认识到问题可以有多元的解法。将数学知识应用到实际情境中，培养学生将抽象知识转化为解决实际问题的能力。例如，在购物、建筑、游戏等场景中应用数学知识，让学生在实践中发展解决问题的技能。帮助学生厘清数学概念之间的逻辑关系，培养他们系统性思考的能力。例如，教师可以引导学生分析一个数学定理的证明过程，让他们理解逻辑推理的过程。让学生通过观察、实验等方式，发现数学规律，并在此基础上进行推理。这可以培养学生通过逻辑推理解决问题的能力。教育学生在解决数学难题时需要耐心和毅力。引导他们明白，解决问题需要反复尝试和思考，这是一个学习的过程，不是一蹴而就的。设计一些渐进性的问题，确保学生在解决过程中能够获得成功体验。这可以增强他们对解决问题的信心和兴趣。

小学数学教育可以在解决问题的过程中培养学生的逻辑思维和推理能力。这不仅可以帮助他们更好地理解和应用数学知识，也为将来更深入的数学学科学习奠定了基础。同时，培养系统性思考和解决问题的耐心与毅力也是数学学科中重要的素养，将使学生在学习生涯中受益。

五、激发数学探索的兴趣

提出一系列有趣的数学问题，鼓励学生进行探索和发现。通过鼓励他们提出猜想、验证猜想，培养他们主动学习和主动思考的习惯。

当设计有趣的数学问题时，重要的是要引导学生思考，并激发他们的好奇心。问题应该具有一定的挑战性，但又不能过难，以便学生可以理解和解决。

请你选择一个数字，然后将其平方，再加上原来的数字。不断重复这个过程，看看会发生什么？能发现什么规律吗？选择一个两位数，将十位数和个位数交换，然后用新的数字减去原来的数字。尝试不同的两位数，是否有规律？选择两个数字相乘，然后观察乘积的各个数字之间的关系。试着找到一些特殊的数字对，探索它们之间有趣的性质。选择一个三位数，将各位数字相加，然后将得到的和再次拆分为各位数字相加，继续这个过程，看看最后会得到什么结果。给你一系列的数字：2、5、10、17、26，你能找到它们之间的规律吗？尝试写出下一个数字，然后验证你的猜想。画一个正方形，然后在每条边上放上一些点，连接相邻点。你能发现多少种不同的图形？尝试使用不同大小的正方形。如果现在是3点半，那么过了15分钟之后，指针会指向哪里？画一个时钟，用指针表示时间，然后验证你的答案。想一个数字，然后告诉你的朋友这个数字是奇数还是偶数。让朋友猜猜你想的是什么数字。你能找到一种规律，使得朋友总是猜不对吗？

学生可以在解决问题的过程中培养观察、推理和验证的能力。教师可以鼓励他们在小组中分享发现，促进合作和讨论。这样的学习体验既有趣又能够激发学生对数学的兴趣，同时培养了他们主动学习和主动思考的习惯。

六、巩固基础运算技能

在小学阶段，加减乘除等基础运算是数学学科的核心，因为这些基本技能是学生在数学学科中构建更高层次知识的基石。通过反复练习和应用这些基础运算，可以巩固学生的数学基础，使他们能够更自如地应用这些技能解决更复杂的问题。

加减乘除是数学学科的基础，是其他数学概念和技能的先决条件。熟练掌握基础运算意味着学生能够更轻松地进入和理解更复杂的数学概念。通过反复练习基础运算，学生能够培养问题解决的能力，这使得他们能够在日常生活中和学习环境中更快速、更准确地解决各种数学问题。基础运算的学习可以培养学生的数学思维，包括逻辑思维、分析思维和创造性思维。这种思维方式对学生在学习和职业生涯中的成功至关重要。基础的运算技能是解决日常生活中实际问题的基础。学生通过在实际情境中应用这些技能，能够更好地理解数学在解决实际问题中的作用。熟练地掌握基础运算为学生提供了平稳的过渡，使他们更容易理解和掌握更高级的数学概念，如代数、几何等。通过成功地解决基础运算问题，学生能够建立数学自信心。这种自信心是激发对数学学科的兴趣和投入的关键。反复练习基础运算使教育者能够更好地了解每个学生的学习水平，从而能够为他们提供更个性化的学习路径，帮助他们在数学学科中取得更大的成功。在小学阶段，教育者应该注重通过多样化的练习和应用情境，使学生对基础运算技能有深刻的理解。通过灵活的教学方法和有趣的问题设计，可以激发学生对数学的兴趣，从而更积极地参与学习过程。

小学数学教育能够培养他们的数学思维能力，为将来更深入的数学学科学习打下坚实的基础。这样的教育理念可以培养学生对数学的兴趣、自信心，为他们未来的学业发展奠定坚实的基础。

第四章　助推培根数学的教学法研究

在小学数学教学中，助推培根数学的教学法研究旨在通过创新性的方法和策略，激发学生对数学的兴趣，并有效促进他们的数学学习。培根数学注重培养学生的数学思维和解决问题的能力，强调将数学与实际生活联系起来。通过深入研究小学数学教学法，我们可以探讨如何在教学中引入启发性的问题、创造性的数学故事，促使学生在小组内合作讨论，从而为学生打开通向数学世界的大门。这一研究旨在为小学数学教学提供创新的理念和实践方法，使学生在愉悦的学习氛围中更好地理解和应用数学知识。

第一节　"生问课堂"生成数学本质问题

在小学数学教学中，采用"生问课堂"的策略旨在激发学生的好奇心和探究欲望，通过引导学生提出数学本质问题，使他们更深入地理解数学概念。这一方法的核心理念在于将学生置于问题的制造者和解决者的角色，培养他们主动学习和主动思考的习惯。通过构建充满启发性和探究性的课堂氛围，学生将有机会在数学中发现问题、提出问题，并通过讨论和合作找到问题的解决途径。这种"生问课堂"方法可以培养学生的数学兴趣，加深其对数学本质的理解，为他们建立牢固的数学基础提供创新的途径。

一、激发好奇心

教育者可以通过引入引人入胜的数学情境或趣味性的数学故事，激发学生的好奇心。好奇心是学生自发提问的动力源。通过创造有趣的数学场景，可以引导学生自然而然地产生问题。

教育者可以通过编排生动有趣的故事情境，将抽象的数学概念嵌入其中。例如，用一个奇幻的数学冒险故事来引入几何概念，或者通过一个数学侦探的故事来探讨代数问题。这样的情境能够吸引学生的兴趣，让他们更愿意主动参与学习。在教学中提出引人入胜的问题，激发学生的好奇心。这些问题可以是与故事情节相关的挑战性问题，也可以是需要学生动用数学知识解决的实际问题。通过问题引导，学生更容易产生提问的动力，希望找到答案。利用角色扮演或互动式的活动，将学生置于数学情境中，使他们能够身临其境地体验数学的应用。例如，设计一个数学谜题解决活动，让学生通过合作解决问题，提高他们的学科参与度。将数学与实际生活联系起来，创造有趣的场景。通过展示数学在日常生活中的应用，如购物、建筑或游戏等，可以唤起学生对数学实际用途的好奇心，激发他们主动学习的动机。利用游戏化元素设计数学学习活动。例如，通过数学谜题游戏、数学竞赛或数学拼图，将学习过程转变为娱乐性的体验，让学生在游戏中产生对数学的好奇心。提供一些具有挑战性的数学任务，激发学生想要解决难题的欲望。这些任务可以涉及数学问题的深入思考，从而引导学生主动产生关于问题本质的好奇心。引入一些奇异、反直觉的数学现象，让学生产生疑问并主动探究。例如，介绍著名的数学悖论或一些令人惊奇的数学现象，引发学生对数学的好奇心，使他们愿意主动去探索其中的原理。考虑学生的兴趣和喜好，个性化设计数学学习内容。通过了解学生的喜好，教育者可以创造出更具吸引力的数学情境，激发他们对数学的好奇心。通过引入引人入胜的数学情境和趣味性的数学故事，教育者可以营造一个富有创造性和探索性的学习环境，让学生在探寻数学的过程中感受到乐趣，并自发地提出问题，主动学习。

二、引导提问技巧

教育者在课堂上可以引导学生提升提问的技巧，如鼓励他们使用特定的疑问词汇（为什么、如何、是否等）或者引发他们思考不同角度的问题。这可以培养学生提出更深层次、有挑战性的问题。

鼓励学生使用特定的疑问词汇，如"为什么""如何""是否"等，以引导他们提出更具深度和挑战性的问题。这些词汇能够促使学生对问题进行更系统和详细的思考。教育者可以通过示范提问的过程，展示如何运用特定疑问词汇构建有深度的问题。示范包括教育者对问题进行解释、分析，以及思考不同方面的角度。这样的示范可以帮助学生理解提问的技巧。在解决问题的过程中，教育者可以引导学生思考不同的解决方法，并鼓励他们用特定的疑问词汇来提出关于这些方法的问题。例如，"为什么你认为这个方法有效？"或"有没有其他可能的解决途径？"提供一些启发性的问题示例，帮助学生理解如何使用特定的疑问词汇来构建问题。通过展示这些问题的思考过程，学生可以学到提问的技巧，并在类似情境中应用。引导学生分层思考问题，从表面层次逐步深入。鼓励他们提出关于问题背后原理、可能性和限制的问题，使问题更加全面和有挑战性。提醒学生思考问题时要考虑不同的角度。通过鼓励提出"是否有其他观点""有没有不同的解释"等问题，培养学生从多个角度思考问题的能力。在合作学习中，鼓励学生分享他们提问的经验。这样的分享可以促使他们互相学习，学到不同的提问技巧，从而丰富每个学生的提问能力。及时给予学生提问的反馈，并提供进一步的引导。指导学生改善问题的提出方式，激发他们思考更深层次问题的动力。教育者可以培养学生提问的技巧，使他们能够更有针对性、深刻地思考问题，并在学习中更主动地发现和解决有挑战性的数学问题。这不仅可以提高学生的数学水平，还可以培养他们的批判性思维和问题解决的能力。

三、问题导入教学

在教学中，通过将问题融入课堂，教育者可以引导学生思考数学的本质。例如，在学习几何时，可以提出关于形状、结构和空间的问题，以激发学生对这些概念的深入思考。

教育者可以有计划地设计引导性问题，将其融入几何学课堂。例如，在学习关于平行线和角的概念时，可以提出问题："为什么两条平行线永远不会相交？"或者"在哪种情况下两个角是相等的？"这样的问题能够引导学生思考基本的几何原理。引入实际生活中的问题，涉及形状、结构和空间的概念。例如，讨论如何设计一个花园，要求学生考虑不同形状的花坛、树木的布局等。通过这样的问题，学生不仅能理解几何概念，还能将其应用到实际场景中。鼓励学生进行探索性学习，提出让他们自行解决的问题。例如，给定一些几何形状的图案，要求学生发现这些图案之间的共同特征，并提出相关的问题。这样的学习方法促使学生主动思考，深入理解几何的本质。提出比较和对比的问题，激发学生对几何概念的深层次思考。例如，"矩形和正方形有什么相同和不同之处？"或者"在三角形和四边形中，哪个更具稳定性？"通过比较问题，学生能够更清晰地理解几何形状之间的关系。将问题延伸和推广，促使学生深入研究数学概念。例如，在学习三角形时，可以提出问题："是否存在一种规则，可以确定任意三边是否可以组成一个三角形？"通过推广问题，学生将深入探讨几何概念的本质。引导学生讨论不同形状的性质，提出关于形状的本质问题。例如，"所有的正方形都是矩形，但不是所有的矩形都是正方形。这是为什么？"通过这样的讨论，学生能够理解形状背后的数学本质。鼓励学生使用几何概念建立数学模型，解决实际问题。例如，通过设计一个房间布局的问题，学生需要考虑到几何形状、空间利用等方面，从而将理论知识应用到实际中。将学生分成小组，共同解决涉及形状、结构和空间的问题。通过小组合作，学生能够相互交流，分享不同的观点，从而更全面地理解几何概念的本质。将问题融入几何学的课堂，教育者能够引导学生深入思考数学的本质，培养他们的探究兴趣和问题解决能力。这样的教学方法不仅提高了学生的数学理解水平，还培养了他们对数学本质的把握和运用的能力。

四、鼓励小组讨论

小组合作是"生问课堂"中的关键环节。通过小组讨论，学生能够相互启发，分享不同的观点，并一起思考问题的解决方法。这可以拓展学生的思维边界，使问题变得更具挑战性。

小组合作提供了一个学生相互交流和分享观点的平台。在小组中，学生可以互相启发，通过分享各自的思考方式和看法，从而引发更多的问题和深层次的思考。小组讨论鼓励学生共同思考问题的解决方法。通过合作，学生能够结合各自的见解，从不同角度审视问题，产生更全面的解决方案，使问题变得更具挑战性。在小组合作中，学生有机会接触到不同的思维方式和解决问题的途径。这可以拓展学生的思维边界，让他们认识到解决问题的方法是多样的，提高对问题的理解深度。通过小组合作，学生能够充分利用集体智慧。每个学生都有其独特的思考方式，通过集思广益，小组能够汇聚不同的见解，更容易找到问题的创新性解决方案。小组讨论培养了学生的团队协作精神。他们需要共同努力，协同解决问题，这可以培养学生的合作和沟通技能，为未来学习和工作打下基础。小组合作可以创造积极的学习氛围。学生在小组中分享问题、提出猜想，并一起探讨解决方案，形成一个有益于学习成长的环境。在小组中，学生会接触不同的解决途径。这可以拓展他们解决问题的思考方式，培养灵活性，使他们认识到一个问题可以有多种不同但有效的解决方法。通过小组合作，学生有机会分享自己的观点，得到同伴的认可，从而建立自信心。这种积极的学习体验对培养学生对数学的兴趣和积极态度至关重要。小组合作可以适应不同学生的学习风格。学生可以根据自己的理解方式和兴趣参与讨论，从而实现个性化的学习，提高学习效果。在小学的"生问课堂"中，小组合作为促进学生主动提问和深入思考的关键环节，为培养学生的问题解决能力和创新性思维提供了良好的平台。通过共同努力，学生将更容易理解数学的本质，建立起积极的学习氛围。

五、多元化解决途径

鼓励学生寻找问题的多元化解决途径。这可以培养学生的创造性思维，使他们认识到一个问题可以有多种解决方式，而非唯一正确的答案。

鼓励学生思考问题时不仅要追求唯一的解决方案，还要激发他们尝试不同的方法。通过让学生尝试各种途径，培养他们的创造性思维，使他们能够灵活应对各种数学情境。在教学中，教育者可以引导学生不仅提出一个问题，而是提出多个相关问题。这可以培养学生看待问题的多元化角度，并在解决问题时尝试多种途径。在小组合作中，鼓励学生分享各自的解决思路。通过了解同伴的方法，学生能够接触不同的解决途径，从而拓展他们的思考方式。教育者可以在课堂上展示多样性的解决方案。通过分享不同学生或文化背景下的解决思路，帮助学生认识到一个问题可以有多种不同但有效的解决方式。引导学生将问题进行变形和推广。通过改变问题的条件或要求，学生可以尝试不同的解决途径。这可以培养学生灵活运用数学知识的能力。引导学生使用不同的数学工具来解决问题。例如，在解决一个几何问题时，学生可以尝试使用图形、模型、计算器等多种工具，以发展多样的解决方法。提供给学生实验性学习的机会，让他们通过试错的方式寻找解决问题的方法。这可以培养学生在面对新问题时勇于尝试不同途径的勇气。在解决问题后，鼓励学生进行反思和讨论。通过分享彼此的思考过程，学生可以从中学到不同的解决思路，也能够认识到问题的多面性。考虑学生的学习风格和兴趣，鼓励他们根据自己的方式寻找解决问题的途径。这样的个性化学习可以激发学生的主动学习兴趣，同时提高他们寻找多元化解决方案的能力。通过鼓励学生寻找问题的多元化解决途径，小学教育者可以培养学生对数学的创造性思维和理解数学多样性的能力。这不仅可以提高他们的问题解决能力，而且可以培养他们面对数学问题时灵活运用知识的自信心。

六、提供实际背景

将数学问题与实际生活联系起来，提供实际背景，可以帮助学生更好地理解问题背后的数学原理。这样的实践能够激发学生对数学实际应用的兴趣。

教育者可以设计与学生日常生活密切相关的数学问题。例如，在购物时计算折扣、在烹饪中测量食材，或者规划行走的路径等。这样的问题让学生直接体验数学在实际生活中的应用，使抽象的数学概念更具实际意义。引导学生建立实际生活中的数学模型。例如，在学习几何时，可以通过设计房间的布局，计算家具的面积，帮助学生将学到的几何知识应用到实际中。这样的实践性学习可以帮助学生将抽象的数学概念与实际情境联系起来。在解决实际生活问题时，引导学生深入探讨背后的数学原理。例如，在解决时间管理问题时，讨论时间的概念，如时、分、秒的关系。这可以帮助学生建立对数学原理的深刻理解。利用实际案例进行数学问题分析。教育者可以引入实际问题，如城市规划、资源管理等，然后通过数学方法来解决这些问题。通过案例分析，学生能够直观地感受到数学在解决实际问题中的价值。安排学生实地参观或邀请专业人士与学生分享数学在实际职业中的应用。例如，参观建筑工地、科学实验室，或邀请数学家、工程师等专业人士进行讲座。这样的实践活动可以激发学生对数学实际应用的好奇心。设计实际问题解决任务，让学生运用所学数学知识解决具体问题。例如，让他们规划一个假想的社区、设计一个游乐园，或者做一次活动的预算。这样的任务能够激发学生主动学习的兴趣，并锻炼他们将数学知识应用到实际情境的能力。引导学生进行实际测量和数据收集。例如，在学习长度和面积时，让学生测量教室的尺寸，或者统计学校的树木数量。这样的实践活动让学生亲身体验数学在实际测量和数据处理中的应用。利用模拟实际情境的游戏，让学生在游戏中运用数学解决问题。例如，设计一个商店模拟游戏，学生在游戏中需要进行购物、计算总价等。这样的游戏性学习能够激发学生对数学实际运用的兴趣。将数学问题与实际生活联系起来，小学教育者能够使学生更容易理解抽象概念，同时激发他们对数学实际应用的兴趣。这样的教学方法不仅提高了学生的学科表现，还培养了他们将数学知识运用到实际情境中的能力。

七、评价和反馈

在学生提出问题后，及时给予积极的评价和反馈，不仅可以鼓励学生继续提出问题，还可以帮助他们理解问题的深度和广度，以及提升问题的质量。

学生正处于知识积累和思维发展的关键阶段，因此鼓励他们提出问题是培养积极思考和好奇心的有效途径。通过给予积极评价，如"你的问题很有深度"或"这是一个很有趣的观察"，可以激发学生更多地参与到学习中。给予学生明确的反馈，帮助他们理解问题对于学习的重要性。可以告诉他们："提出问题是学习的一部分，你的好奇心是很有价值的。"这样的肯定性反馈可以建立学生对自己提问能力的信心。在评价和反馈中，教师可以指导学生如何提出更深入、更广泛的问题。例如，可以说："这是一个很好的问题，如果你再加上一些相关例子，会更容易理解。"这样的反馈可以引导学生提升问题的质量和深度。学生在积极的学习环境中更愿意提出问题。教师和同学的鼓励和支持是至关重要的。通过展示对问题的尊重和认真对待，鼓励学生分享自己的疑惑，可以建立起一种积极互动的学习氛围。教师可以通过示范的方式展示如何提出好问题。这包括问题的清晰性、相关性和深度。在评价学生的问题时，可以结合示范提问技巧，指导学生提高问题的质量。不同的学生具有不同的学习风格和需求。给予个性化的反馈，关注每个学生的优势和需要改进的地方，可以激发他们更多地参与到问题提出的过程中。在小学阶段，培养学生良好的学习习惯和思考能力对于未来的学业成功至关重要。通过及时的积极评价和反馈，可以帮助学生更好地理解知识，激发他们的学习热情，同时培养其良好的问题解决能力。

八、示范提问过程

教师可以通过示范提问的过程，展示如何思考和提出深刻的问题。这样的示范可以为学生提供范例，引导他们更有针对性地提出数学本质问题。

教育者开始可以以引导性提问的方式，激发学生的思考。例如，当涉及一个数学概念时，可以问："你们认为这个概念在我们日常生活中有什么应用吗？"或者"你们能想到与这个概念相关的实际例子吗？"通过这样的问题，教育者可以引导学生从生活中的经验出发，建立对数学概念的直观认识。在示范提问中，教育者可以展示多角度思考问题的方法。例如，当介绍一个数学问题时，可以问"有没有其他方法可以解决这个问题？"或者"你们可以尝试从不同的角度来看待这个问题"。这样的问题可以培养学生的灵活思维和问题解决能力。教育者可以示范如何深入挖掘问题的本质。通过提出更具体、更深层次的问题，如"为什么这个规律存在？"或者"有没有类似的情况可以应用这个概念？"教育者可以帮助学生更好地理解数学概念的根本原理。在示范提问中，教育者可以强调问题的适用性。例如，当介绍一个解决实际问题的数学方法时，可以问："你们觉得这个方法在其他情境中也适用吗？"或者"这个方法有没有局限性？"通过这样的问题，教育者可以引导学生思考数学在不同场景中的应用性和局限性。在示范提问的过程中，教育者还应该鼓励学生提出问题。通过展示自己对问题的好奇心，教育者可以激发学生更积极地参与提问的过程，从而培养他们的主动学习能力。通过这样的示范过程，教育者可以为学生提供思考和提问的范例，引导他们更有针对性地提出深刻的数学本质问题。同时，示范提问还能够建立学生对于问题解决思维的模型，帮助他们逐步培养独立思考和发现问题本质的能力。通过"生问课堂"的方法，小学数学教学可以更加贴近学生的思维方式，激发他们对数学的兴趣，培养其主动学习和解决问题的能力。这种教学方式不仅关注知识本身，更注重培养学生对数学本质的理解和探究精神。

第二节 "学讲课堂"促进数学素养发展

在小学阶段，培养学生的数学素养是教育的一项重要任务。而"学讲课堂"作为促进数学素养发展的有效工具，为学生提供了一个交流、讨论和思考的平台。通过参与"学讲课堂"，学生不是被动地接受知识，而是积极参与数学问题的解决过程，从中体验到数学的乐趣和实际运用的价值。这种互动式的学习环境可以激发学生的数学兴趣，提升他们的问题解决能力，并培养他们在团队中协作的精神。因此，"学讲课堂"不仅仅是一堂课，更是一个激发数学潜能、培养数学素养的重要教育实践。

一、增强主动学习的动力

"学讲课堂"打破了传统的单向传递式的教学模式，通过学生之间的互动和分享，激发了学生对数学的兴趣。学生在轮流讲解问题、分享解题思路的过程中，更容易产生对数学的好奇心，从而增强主动学习的动力。

学生在"学讲课堂"中通过轮流讲解问题，不仅需要仔细思考问题本身，还需要清晰地表达自己的思路。这种表达的过程不仅是对所学知识的巩固，更是对数学思维的训练。通过与同学分享自己的解题思路，学生在言语表达和沟通交流中逐渐培养了自信心，从而更加愿意参与到数学学习中来。

学生之间的互动和分享激发了他们对数学的好奇心。在讲解和分享的过程中，学生不仅仅局限于书本上的知识，还能够从同学那里学到不同的解题思路、方法和观点。这种多元化的学习方式可以开拓学生的思维，使他们能够更全面地理解数学，从而对数学产生更深层次的兴趣。

通过"学讲课堂"培养学生的主动学习动力。在传统的课堂中，学生因为被动接受知识而感到枯燥乏味，而"学讲课堂"则通过鼓励学生参与讨论、分享，使他们更加主动地投入学习。在讨论和分享的过程中，学生发现自己的观点被认同，或者通过和同学的互动获得新的启发，这种积极的学习经验会激发他们对数学学科的主动追求，培养持续学习的习惯。

"学讲课堂"通过学生之间的互动和分享，打破了传统的单向传递式教学模式，为学生提供了一个更加开放、鼓舞人心的学习环境，激发了他们对数学的兴趣，增强了主动学习的动力。这样的教学方式不仅可以帮助学生全面发展数学素养，也为学生的学习道路注入了更多的活力和乐趣。

二、提高解决问题的能力

在"学讲课堂"中，学生不仅仅是被动地接受知识，还需要在讨论和分享中积极参与，解决问题的过程成为他们培养逻辑思维和分析能力的良好机会。通过亲自讲解和听取同学的观点，学生能够更深刻地理解数学问题，并培养出独立解决问题的能力。

通过积极参与讨论和分享，学生不仅仅是在被动地听取教师的解释，更是在和同学们共同思考问题、探讨解决方法。这种互动激发了学生的主动学习意愿，促使他们在解决问题的过程中运用逻辑思维。在与同学交流的过程中，学生需要理清自己的思路，合理陈述观点，这可以培养他们的逻辑思考能力。

亲自讲解和听取同学的观点使学生更深刻地理解数学问题。当学生需要向同学讲解问题时，他们不仅要掌握问题的解决方法，还要深入理解问题的本质。这促使他们在学习中不仅仅追求表面的知识点，更注重理解背后的原理和逻辑。通过这种深度理解，学生能够更牢固地掌握数学知识。

最重要的是，通过"学讲课堂"培养学生解决问题的独立能力。在讨论和分享的过程中，学生面对不同的解题方法和观点，需要思考并形成自己的理解。这种独立思考的过程培养了学生解决问题的能力，使他们不仅仅能够从他人的经验中学到东西，更能够独立思考并找到问题的解决途径。

"学讲课堂"通过学生之间的积极参与，将解决问题的过程变为培养逻辑思维和分析能力的机会。这种互动式的学习环境不仅可以帮助学生更深刻地理解数学问题，还可以培养他们解决问题的独立能力，为数学素养的全面发展提供了有力的支撑。

三、培养团队合作精神

在"学讲课堂"中，学生需要与同学合作，共同解决问题。这种合作不仅可以建立良好的团队氛围，还能够培养学生的团队协作精神。通过分享和比较不同的解题方法，学生学会尊重他人的观点，同时也能够从中学到更多的解题思路。

合作共同解决问题可以建立良好的团队氛围。在"学讲课堂"中，学生被鼓励分享自己的思路，听取他人的观点，共同努力找到解决问题的方法。这种共同合作的氛围促使学生感到团队的温暖和支持，使学习不再是孤立的经历，而是一个共同成长的过程。

这种合作培养了学生的团队协作精神。在小组中共同探讨问题，每个成员都有机会发表自己的看法和想法。通过协同工作，学生学会与他人合作，理解和尊重他人的观点，培养了集体荣誉感和责任心。这种团队协作的经验在学生的成长过程中是非常宝贵的，将对他们今后的学习和职业生涯产生积极的影响。

通过分享和比较不同的解题方法，学生学会尊重他人的观点。在"学讲课堂"中，学生有机会了解同学们不同的思考方式和解题策略。通过比较不同的方法，他们学会接纳多样性，尊重他人的独特见解。这可以培养学生的开放心态，使他们在学习和生活中更加包容。

最重要的是，这种合作也为学生提供了更多的解题思路。在小组合作中，不同的学生运用不同的思维方式解决问题，这样的交流可以拓宽学生的思维边界，让他们从多个角度思考问题。通过分享和比较，学生能够更全面地理解数学问题，同时学到多种解决问题的方法，提高了他们的问题解决能力。

"学讲课堂"中的小组合作不仅建立了良好的团队氛围，还培养了学生的团队协作精神，使他们学会尊重他人的观点，并从中学到更多的解题思路。这种合作式的学习方式为学生提供了一个丰富多彩的学习体验，为他们的全面发展奠定了坚实的基础。

四、实际运用数学知识

"学讲课堂"注重将数学知识与实际问题相结合,通过学生的讲解和讨论,将抽象的数学概念联系到生活中的具体情境。这可以帮助学生更好地理解数学知识的实际应用,提高他们将所学知识灵活运用的能力。

将数学知识与实际问题相结合可以帮助学生更深刻地理解抽象概念。在"学讲课堂"中,教师设计的问题涉及生活中的实际场景,使抽象的数学概念具体化。通过将数学与实际问题相结合,学生能够更容易地建立起对数学概念的直观感知,加深对数学知识的理解。

通过讲解和讨论,学生能够在实际问题中运用所学知识。学生在课堂上通过亲自讲解问题,需要将抽象的数学概念转化为生活中的具体情境,从而展示他们对知识的理解和应用能力。这种实际操作的过程不仅巩固了他们的数学基础,还培养了他们将所学知识灵活运用的能力。

通过讨论不同的解决方法,学生能够了解数学在不同情境中的应用方式。在"学讲课堂"中,同学们提供各种各样的解题思路,展示了数学在解决实际问题中的多样性。这种讨论过程可以拓宽学生的思维,让他们认识到数学并不是僵化的概念,而是可以灵活运用于不同情境的工具。

将数学知识与实际问题相结合培养了学生的实际运用能力。在解决生活中的实际问题时,学生不仅要理解数学概念,还需要在具体情境中找到适用的方法。这种实际运用的过程锻炼了他们的问题解决能力,使他们具备将所学数学知识应用于实际生活的能力。

"学讲课堂"中将数学知识与实际问题相结合,通过学生的讲解和讨论,将抽象的数学概念联系到生活中的具体情境,可以帮助学生更好地理解数学知识的实际应用,提高他们将所学知识灵活运用的能力。这种教学方式为学生提供了更为贴近实际、富有趣味性的学习体验,促使他们更积极地参与数学学科的学习。

"学讲课堂"为学生提供了一个积极、互动、实际的学习环境,可以激发他们对数学学科的兴趣,提高解决问题的能力,培养团队协作精神,同时将数学知识与实际问题相结合,促进数学素养的全面发展。

第三节 "情境课堂"提升数学育人价值

在小学阶段，数学教育不仅仅是传授抽象概念和计算技能，更是培养学生的思维能力、解决问题的能力以及将数学知识应用于实际生活的能力。在这一背景下，引入"情境课堂"为数学教学提供了一种全新的途径。通过将数学知识融入具体情境，使学生在实际问题中理解和运用数学，不仅提高了他们对数学的兴趣，更促进了数学育人的价值。在"情境课堂"中，学生将有机会探索数学在实际情境中的应用，培养解决问题的创造性思维，同时也将数学与日常生活联系起来，为他们的终身学习奠定坚实的基础。

一、激发学生兴趣

"情境课堂"通过将抽象的数学概念融入实际情境，使数学变得更具体、生动、有趣。学生在解决与日常生活相关的实际问题时，能够直观地感受到数学的实用性，从而激发了他们对数学学科的兴趣。这样的学习方式让数学不再是一堆抽象的符号和公式，而是与他们的生活息息相关的工具。

将数学概念融入实际情境中能够使数学变得更具体。在传统的教学中，抽象的数学概念往往令学生感到难以理解。而通过"情境课堂"，数学问题被嵌入实际场景，如日常生活中的购物、游戏、建筑等，使学生直观地看到数学与实际生活的关联。这种直观感受能够帮助学生更容易地理解和掌握抽象的数学概念。

通过解决与日常生活相关的实际问题，学生能够更直观地感受到数学的实用性。例如，通过计算购物时的折扣、设计游戏规则中的计分方式、测量建筑物的尺寸等，学生不仅仅是在解决数学问题，更是在运用数学知识解决他们在生活中遇到的实际问题。这样的实际应用使得数学不再是一门抽象的学科，而是一个可以帮助学生解决实际问题的工具。

将数学与日常生活联系起来激发了学生对数学的兴趣。当学生发现数学可以直接应用于解决他们感兴趣的、与日常生活相关的问题时，他们会更加主动地投入学习。这种兴趣的激发可以形成积极的学习态度，使学生更愿意深入探究数学知识，而不仅仅是为了应付考试而学习。

二、培养创造性思维

在"情境课堂"中，学生需要面对真实的情境，从中提取信息、分析问题、寻找解决方案。这个过程促使学生培养创造性思维，不仅要掌握数学知识，还要运用这些知识解决实际问题。通过挑战性的情境，学生能够培养灵活的思考方式，提高问题解决的创新性。

学生在"情境课堂"中需要面对真实的情境，这就要求他们能够提取信息并分析问题。例如，在解决日常生活中的购物问题时，学生需要了解商品的价格、折扣信息等，从而形成一个完整的问题描述。这个过程培养了学生获取信息的能力，使他们能够从复杂的情境中抽离关键信息，为后续的问题解决提供基础。

学生需要寻找解决方案，不是依赖传统的数学计算，而是运用创造性的思维。在解决实际问题时，学生会面对多种解决途径，而他们需要思考如何选择最适合的方法。这促使学生培养灵活的思考方式，不仅仅是固守传统解题思路，还能够在不同情境中灵活运用数学知识。

通过挑战性的情境，学生不仅需要简单地运用学过的数学知识，还需要具备创新性思维。例如，在解决建筑模型的尺寸问题时，学生会面对一些独特或不寻常的情境，需要发挥创造性思维，尝试新的解决方法。这样的挑战性情境促使学生在问题解决过程中寻求创新，提高了他们解决问题的创新性和独立思考的能力。

"情境课堂"培养创造性思维，学生在解决问题时将数学知识更好地融入实际应用。这种综合性的思考方式使学生能够更全面地理解数学的实际应用，不再局限于简单的计算，而是能够灵活运用数学知识解决各种生活中的问题。

在"情境课堂"中面对真实情境、提取信息、分析问题、寻找解决方案，学生能够培养创造性思维。这种思维方式不仅强调灵活运用数学知识，还要求学生在解决问题时具备创新性思考的能力。这样的教学方式既提高了学生的数学水平，又为他们今后在面对各种问题时提供了更为全面的思考和解决的能力。

三、加深对数学知识的理解

在"情境课堂"中，学生需要将数学知识应用于解决实际问题，这要求他们更深入地理解这些知识。通过实际情境的运用，学生能够更直观地理解抽象概念，并将这些知识融入自己的思维体系。这样的学习方式可以加深对数学知识的理解，使之更为牢固。

将数学知识应用于解决实际问题可以帮助学生更深入地理解抽象概念。在传统的教学中，学生只是被要求记住公式和规则，而在"情境课堂"中，他们需要将这些知识真正运用到实际问题中。通过解决实际问题，学生能够感受到数学知识的实用性，从而更深刻地理解抽象概念的具体应用。

实际情境的运用使得学生能够更直观地理解数学知识。例如，在解决购物问题时，学生需要计算折扣、总价等，这些抽象的数学概念通过实际情境的运用变得具体而生动。这样的直观感受帮助学生建立起对数学知识的直观认知，使抽象的概念在实际应用中变得更加具体。

将数学知识融入实际情境可以帮助学生将这些知识融入自己的思维体系。在解决实际问题的过程中，学生不仅仅是简单地记忆和应用知识，更是在思考如何将这些知识融入解决问题的思考过程。这种思维过程培养了学生将数学知识内化为自己思考的一部分，从而加深了对知识的理解。

这样的学习方式可以使数学知识更为牢固。通过实际情境的运用，学生不是为了应付考试而记忆知识，而是真正理解了这些知识的实际运用价值。这种深层次的理解使得数学知识更为牢固，学生在今后的学习过程中能够更自信、更独立地运用所学知识。

在"情境课堂"中将数学知识应用于解决实际问题，可以使学生更深入地理解抽象概念，更直观地理解数学知识，并将这些知识融入自己的思维体系，从而加深对数学知识的理解，使之更为牢固。这种学习方式不仅培养了学生的实际运用能力，还为他们今后的学习打下了坚实的基础。

四、将数学与实际生活联系起来

将数学与学生的实际生活联系，使学生更容易理解数学的实际价值。通过在课堂中使用与日常生活相关的实际问题，如购物、度量、时间管理等，学生能够直接看到数学在解决这些问题中的应用。这种实际应用的过程使得数学不再是一种抽象的学科，而是一个帮助他们解决日常问题的实用工具，从而激发了学生对数学实际价值的认知。

"情境课堂"中实际问题的解决，使学生能够在实践中体验数学知识的实用性。例如，在计算购物时的折扣、规划日程中的时间计算等问题中，学生直接应用数学知识解决实际问题，使他们在实践中感受到数学的实际用处。这种实际体验可以培养学生对数学的实际兴趣，使他们更加愿意主动学习和应用所学的数学知识。

将数学与实际生活联系起来可以建立学生对数学的实际认知。通过解决实际问题，学生逐渐认识到数学不仅仅存在于教科书中，更是融入了他们日常生活的方方面面。这种实际认知使学生更有可能将数学知识与生活经验相结合，形成更为全面的学习体系。

这种联系方式可以促使学生更愿意将所学的数学知识运用到生活中去。通过实际问题的解决，学生能够看到数学在实际生活中的作用，更有动力主动运用所学数学知识解决身边的问题。这种实际应用不仅提高了学生的学习积极性，也培养了他们将抽象知识转化为实际能力的能力。

"情境课堂"通过将数学知识融入具体情境，提升了数学的育人价值。这种教学方式不仅能够激发学生对数学的兴趣，培养创造性思维，加深对数学知识的理解，还能够将数学与实际生活联系起来，为学生的全面发展提供更为丰富和有深度的学习经验。

第五章　培根数学课例举隅

在小学数学课堂上，培根数学课例为学生提供了一种全新的学习体验。今天，我们将通过一个生动的实例，融入数学知识，让同学们在解决实际问题的过程中体会到数学的实用性。这不仅能将数学从纯粹的计算抽象中解放出来，更能激发同学们对数学的兴趣。

第一节　数与代数领域中的培根案例

在小学数学课堂上，我们将探索数与代数的奇妙领域，通过一个生动的培根案例，引领同学们走进实际问题的解决过程。今天，我们将结合实际情境，运用数学知识，培养同学们的逻辑思维和数学运算能力。这个培根案例不仅将数学知识与日常生活紧密结合，更将激发同学们对数学的兴趣。让我们一起走进这个富有启发性的小学培根数学课例，探索数学的奇妙世界。

培根案例一：小明的糖果盒

一、背景

小明有一个盒子，里面装有一些糖果。他每次吃掉其中的一半，然后再拿出一颗糖果放进去。这个过程持续了几天。现在我们要通过数学方式，找出这个过程中糖果盒子里的糖果数量变化规律。

二、步骤

第一天，小明的盒子里有 10 颗糖果。每天，小明按照规则吃掉盒子里现有糖果的一半，然后再放入一颗新的糖果。学生需要建立一个数学模型，表示每天盒子里的糖果数量。可以使用代数表达式来描述这一过程。学生通过计算和预测，了解在过程中每一天糖果的数量变化。这需要他们运用除法、乘法等基本数学运算。学生可以将糖果数量的变化用图表表示，如绘制折线图或条形图，以更直观地展示变化趋势。

三、学习目标

（一）理解除法的实际应用

学生通过解决问题，理解了除法在实际生活中的应用，特别是在分配和比例方面的作用。

1. 理解除法的实际应用

在培根案例中，学生面对小明每天吃掉糖果盒里一半的情景，涉及每天糖果数量的减半操作。这里，学生通过数学建模理解了除法在实际生活中的应用。每天吃掉一半相当于将盒中的糖果数量进行除法操作：

$$每天吃掉的数量 = \frac{盒中糖果总数量}{2}$$

这个实际情境能让学生直观地感受到除法是如何在日常生活中发挥作用的，而不仅仅是课本上的抽象概念。

2. 分配的应用

培根案例中，小明每天吃掉的糖果数量是盒中总数的一半。这实际上是一种资源的分配操作。学生在解题过程中，可以体会到除法是一种分配资源的有效手段。在日常生活中，类似的分配问题涉及食物、时间、金钱等资源，而除法成为解决这些问题的常用数学工具。

3. 比例的理解

培根案例中，每天吃掉的糖果数量和盒中总数量之间形成了比例关系。学生在计算和建模过程中能够理解比例的概念。这种理解可以帮助他们在实际生活中应用比例，如在购物时计算折扣、烹饪时调整食谱等。比例的运用在小学阶段就能培养学生对实际问题的分析和解决能力。

通过这样的培根案例，学生不仅仅是学习了除法的运算规则，更是在实际问题中体会到了除法在分配和比例方面的应用。这种实际应用的学习方式使学生更容易将数学知识与实际问题相结合，增强了他们对数学的实际认知。这样的教学方法既提高了学生对数学的兴趣，也培养了他们在实际生活中运用数学解决问题的能力。

（二）培养逻辑思维

学生需要思考每天小明的操作对糖果数量的影响，培养逻辑思维和问题分析能力。

1. 理解每天的操作

学生需要理解每天小明的操作是吃掉盒子里现有糖果的一半，然后再放入一颗新的糖果。这一操作是一个复合操作，包括除法（减半）和加法（放入一颗新的糖果）。学生要逐步理解这个操作对糖果数量的具体影响。

2. 形成逻辑思维

在解决问题过程中，学生需要运用逻辑思维，厘清每天的操作如何影响糖果数量。逻辑思维要求学生能够分析问题的结构，识别因果关系，从而形成合理的推理链条。例如，他们需要思考：吃掉一半会导致糖果数量减少，但同时放入一颗新的糖果会使糖果数量增加。

3. 分析问题的变量

培根案例涉及多个变量，如每天的糖果数量、吃掉的数量、放入的数量等。学生需要分析这些变量之间的关系，形成对问题的整体把握。这可以培养他们的问题分析能力，提高对复杂问题的解决能力。

4. 预测糖果数量的变化趋势

逻辑思维和问题分析的培养体现在学生对糖果数量变化趋势的预测中。通过分析每天的操作，学生能够预测未来糖果数量是增加还是减少，从而形成对整个问题发展的合理预期。

5. 反思与修正

在问题解决过程中，学生会做出一些假设或初始预测。通过观察实际的糖果数量变化，他们需要反思自己的假设是否合理，对预测是否准确进行修正。这种反思和修正过程培养了学生的实际问题解决能力。

通过思考每天小明的操作对糖果数量的影响，学生在逻辑思维和问题分析方面得到了锻炼。这种培训在小学阶段对学生发展全面的思维能力至关重要，不仅可以帮助数学学科的学习，也对他们今后解决各类问题具有积极的影响。

（三）运用代数表达式

学生通过建模过程使用了代数表达式，加深对代数概念的理解。

1. 建立数学模型

在培根案例中，学生面对小明每天吃掉糖果盒里一半的情景，需要建立一个数学模型来描述糖果数量的变化。他们引入了未知数 $C(n)$ 来表示第 n 天盒子中的糖果数量，建立了递归关系式：

$$C(n+1)=1/2 \cdot C(n) +1$$

这个代数表达式反映了每天糖果数量的变化规律，通过引入未知数和代数运算，学生在建模过程中使用了代数表达式。

2. 理解代数表达式的意义

学生通过建模过程，需要理解代数表达式的具体意义。在这个案例中，$C(n)$ 表示第 n 天盒子中的糖果数量，$1/2 \cdot C(n)$ 表示吃掉一半的糖果，而 $+1$ 表示放入一颗新的糖果。这些代数表达式不仅是符号和数字的组合，更是对实际情景的具体表示。

3. 解决问题中的未知数

引入未知数 $C(n)$ 是代数建模的一个关键步骤。学生需要在解决问题的过程中理解这个未知数的含义，并通过数学运算求解出未知数的具体值。这个过程培养了学生对代数方程中未知数的理解和解决问题的能力。

4. 连接数学符号与实际情境

通过使用代数表达式，学生将数学符号与实际情境相连接。例如，他们理解符号 1/2 表示吃掉一半，+1 表示放入一颗新的糖果。这种连接可以帮助学生将代数概念与实际问题相结合，提高他们对代数符号的理解和运用能力。

5. 增强对代数概念的认知

整个建模过程不仅帮助学生解决具体问题，更在潜移默化中加深了对代数概念的理解。学生通过实际问题的建模，更容易理解代数是一种用于解决实际问题的强大工具，而不仅仅是一系列抽象的数学概念。

通过这个小学培根案例，学生不仅学习了代数表达式的使用，更是通过实际问题的建模过程，加深了对代数概念的理解。这样的学习方式使代数不再是抽象的符号和规则，而是与实际生活紧密联系的有用工具。为学生奠定了更深厚的数学基础。

（四）图形展示与解读

学生学会用图形表示数据变化，培养了图形解读和数据可视化的能力。

1. 图形表示数据变化

在培根案例中，学生不仅通过代数表达式描述了糖果数量的变化，还将这些数据用图形进行可视化，如绘制折线图或条形图。图形是一种直观、形象的表达方式，可以帮助学生更清晰地理解数据的变化趋势。

2. 数据可视化的意义

将糖果数量的变化用图形表示，学生能够更容易地捕捉到数据之间的关系和规律。数据可视化不仅让抽象的数字变得直观，而且可以帮助学生理解问题的整体情境，提升对数学概念的直观感受。

3. 图形解读的训练

学生在观察绘制的图形时，需要解读图形中的趋势和特征。例如，他们能够看出糖果数量是递增还是递减，吃掉的糖果量对整体趋势的影响等。这种图形解读的训练培养了学生对数据的敏感性和对图形信息的理解能力。

4. 图形的应用

在学生学会用图形表示数据变化后，可以更容易地与同学、教师分享他们的观察和发现。这种分享与比较促使学生学会从图形中提取信息，理解不同情况下数据的表现形式，并培养合作与沟通的能力。

5. 数据模式的发现

通过观察图形，学生能够发现糖果数量的变化呈现出一些规律或模式。例如，是否存在周期性的变化、是否有趋势性的增减等。这种发现模式的能力可以培养学生对数学问题的敏感度和独立思考能力。

培根案例中的图形表示，学生不仅仅是学习了数学运算和建模，更是通过可视化的方式，提高了对数据变化的直观认知。图形解读和数据可视化的训练使学生在小学阶段就能够培养出对数学问题全面的认知和分析能力。这种能力不仅对数学学科有帮助，还为学生今后解决各类问题提供了有力的工具。

培根案例二：糖果商店的数学游戏

一、情景设定

在小学的数与代数领域，学生将参与一个有趣的数学游戏，模拟糖果商店的购物体验。每位学生手里有一定数量的代币，代表购物的预算。在商店中，糖果的价格和折扣规则是已知的。学生的任务是根据自己的预算，在商店中购买糖果，尽可能多地获得糖果。

二、数学建模

学生引入两个未知数，分别表示糖果的价格和购买的糖果数量。根据购物规则，建立数学模型表示购物的总花费：

总花费 $=P \times N \times (1-$ 折扣率$)$。其中，折扣率可以是已知的值，如 0.2 表示八折。

三、数学运算与决策

（一）数学运算

学生通过代数运算计算不同购物情况下的总花费，根据自己的预算和购物目标做出决策。学生通过代数运算计算总花费，涉及未知数的引入和代数表达式的建立。这种运算过程不仅锻炼了他们的基本代数技能，还培养了对数学问题的分析和解决能力。培根案例中，购物情况可以有很多种，包括不同的糖果价格、折扣规则以及购物预算。学生需要适应不同的情境，灵活地应用代数运算来计算总花费，这培养了他们的数学建模能力。学生在计算不同购物情况下的总花费时，需要考虑自己手中的代币预算。通过比较不同购物方案的总花费，他们可以制定购物目标，如最大化购买数量、最大化折扣优惠或在预算内购买最喜欢的糖果。在面对多种购物选择时，学生需要进行决策。这个过程涉及对代数模型的理解和灵活运用，同时也需要考虑自己的购物偏好和预算限制。通过这样的思考过程，学生培养了在实际生活中做决策的能力。这个学习过程将代数运算与实际问题相结合，让学生在解决数学问题的同时感受到数学在日常生活中的实用性。通过模拟购物的场景，学生能够更深刻地理解代数模型在实际问题中的应用。这个过程不仅是数学的学习，还涉及对预算、购物目标的思考，培养了学生的综合能力。同时，学生在比较和选择不同购物方案的过程中，还锻炼了逻辑思维和决策能力。通过这样的学习体验，学生既在代数运算中提升了数学技能，又在实际问题的解决过程中培养了综合能力，为他们今后的学习和生活提供了有益的经验。

（二）决策过程

学生需要在有限的代币预算内，决定购买多少糖果以及是否选择享受折扣。学生首先需要了解自己手中的代币预算，这是购物决策的基础。预算可以看作一个限制条件，引导学生在有限资源内进行最优的购物选择。通过引入未知数，建立代数模型，学生可以用 P 表示糖果的价格，用 N 表示购买的数量，然后运用代数表达式计算总花费。这个过程培养了学生对代数模型的建立和理解能力。在购物决策中，学生需要考虑是否选择享受折扣。这涉及理解折扣规则，以及判断在不同情况下折扣是否对购物决策有积极影响。这样的思考过程培养了学生的抽象思维和逻辑推理能力。学生需要根据预算和购物目标决定购买的糖果数量。这个过程既包含数学计算，也需要学生在有限的代币预算内进行权衡和决策。这培养了学生的决策思维和问题解决能力。学生可以尝试不同的购物方案，比较不同数量糖果和是否享受折扣对总花费的影响。通过寻找最优方案，学生可学会在有限条件下做出最明智的选择，这是一种实际问题求解的能力。这个学习过程不仅仅是数学的抽象计算，更是数学在实际问题中的应用。学生通过模拟购物场景，将代数模型应用到实际问题中，感受数学在日常生活中的实用性。这个过程涵盖了代数运算、逻辑思维、决策思考等多个方面，培养了学生的综合能力。他们不仅学到了数学知识，还锻炼了面对问题时的全面思考和分析能力。通过这样的购物决策过程，学生既在数学计算中得到了锻炼，又在实际问题的解决中培养了综合能力，为他们今后的学习和生活打下了坚实的数学基础。

四、数学解释与实际问题应用

（一）解释数学模型

学生需要解释数学模型中各个符号的含义，如未知数 P 和 N 分别代表糖果的价格和购买的数量。未知数是数学中的一个核心概念，用字母表示。在这个培根案例中，引入了两个未知数，分别用 P 表示糖果的价格，用 N 表示购买的数量。这样的引入是为了建立一个代数模型，方便进行数学运算和问题求解。学生需要解释 P 代表什么，即糖果的价格。通过这个符号，我们能用一个变量来表示糖果的费用，使得计算过程更加简洁和通用。同样，学生也需要清晰地解释 N 代表什么，即购买的数量。这个变量允许我们在模型中灵活地表示不同的购物数量，使得我们能够对不同情况进行分析和计算。学生在解释符号的含义时，需要明白这些符号是如何共同构成代数模型的一部分。代数模型是一种数学工具，通过符号和数学关系表达实际问题。在这个案例中，学生需要理解 P 和 N 如何共同构成总花费的表达式，即折扣率 $P \times N \times (1-折扣率)$。如果在模型中存在折扣率这个概念，学生还需要解释折扣率的含义。折扣率是指购买商品时获得的折扣比例，这直接影响最终的购物费用。

解释符号的含义不仅仅是死记硬背数学公式，更是将实际问题翻译成数学语言的过程。学生需要理解，这些符号不是孤立存在的，而是代表了具体的购物场景，从而使得数学运算更具实际意义。学生在解释符号的含义时，可以与实际情境进行关联，如用生动的语言描述糖果的价格和数量是如何与购物费用相互关联的。这可以帮助学生更好地理解抽象的数学符号与实际问题之间的联系。通过清晰地解释数学模型中各个符号的含义，学生不仅能够理解代数模型的结构，还能够将数学知识与实际问题紧密联系起来，培养他们对数学的兴趣和实际运用能力。

（二）实际问题应用

通过模拟购物的实际情景，学生能够更好地理解数学模型的应用，同时培养解决实际问题的能力。模拟购物的实际情景是将抽象的数学概念与日常生活紧密结合的有效方式。学生通过参与购物活动，能够在实际情境中感受数学模型的运用，增强对数学概念的认知。学生在模拟购物中能够亲身体验购物的过程，包括选择商品、计算费用、考虑折扣等。这样的实际体验使数学学习更加具体，激发学生的学习兴趣，使他们能够更主动地参与学习。购物活动中引入的数学模型不再是抽象的符号和公式，而是与实际购物场景相结合的工具。学生通过实际问题应用数学模型，能够更好地理解代数表达式在解决实际问题中的作用。通过购物情境，学生能够将抽象的数学问题具体化。例如，他们不再仅仅计算 $P \times N$，而是理解这代表购物花费的具体金额。这可以帮助学生更好地理解抽象概念的实际含义。在购物过程中，学生需要解决实际问题，如如何在有限的预算内购买更多糖果、是否选择享受折扣等。这样的实际问题培养了学生实际解决问题的能力，让他们具备在实际生活中运用数学知识的技能。购物决策不仅是数学计算，还包含了对不同购物方案的比较和选择。学生需要思考如何在预算内取得最大的收益，这样的思考过程培养了他们的逻辑思维和决策能力。参与实际情景的数学学习，学生更容易理解数学的实际应用，从而激发了他们对数学学科的兴趣。这样的学习方式不仅提高了学习效果，还使学生更愿意深入探索数学的奥秘。模拟购物的实际情景，学生在数学学习中获得了实际经验，不仅更好地理解了数学模型的应用，也培养了解决实际问题的实用能力，为他们将来的学习打下了坚实的基础。

五、数学问题扩展

（一）变化的折扣率

学生可以尝试引入不同的折扣率，观察对购物决策的影响。教师可以简要解释折扣率是指商品价格打折的比例。例如，八折的折扣率表示商品价格的80%。这样的解释可以帮助学生理解折扣率的概念。学生可以被鼓励设定不同的折扣率，比如八折、九折、五折等。每个学生或学组可以选择一个折扣率，并通过这个折扣率来模拟购物过程。这样的设计使学生能够在实际情景中体验不同的购物优惠。引入不同的折扣率后，学生需要调整数学模型中代表折扣的变量，以适应不同的情况。这个过程既是对代数表达式调整的实际应用，也是对数学模型灵活性的理解。学生可以观察在不同折扣率下购物费用的变化。比较费用的高低，学生能够更直观地理解折扣率在购物决策中的作用。这培养了他们对实际情境的数学敏感性。学生可以根据不同的折扣率制定不同的购物策略。例如，在高折扣率下购买更多的糖果，或者在低折扣率下选择少量但更贵的糖果。这促使学生在有限预算下做出更为明智的购物决策。在活动的结尾，可以组织学生分享他们的观察和购物决策。这不仅可以帮助学生更深入地理解数学模型的应用，还促进了他们之间的合作与分享。教师可以引导学生提出一些问题，如在不同折扣率下，是否折扣率越高越好，是否在某些情况下更低的折扣率反而更划算。这样的问题可以培养学生的思辨和问题解决能力。通过引入不同的折扣率，学生在实际情景中能够观察到折扣在购物决策中的影响，这样的学习活动不仅寓教于乐，还锻炼了学生的数学建模和实际问题解决的能力。

（二）不同种类的糖果

引入不同种类的糖果，每种糖果有不同的价格和折扣规则，让学生进行更复杂的决策。如某种糖果有特定的折扣率，而另一种是固定的优惠价格。这样的设计丰富了购物场景，使学生需要更多元化的决策。学生需要针对每种糖果建立价格和折扣的数学模型。这样的模型可以包括每种糖果的原价、折扣率、实际支付价格等因素。通过这个过程，学生可以学到如何为每个糖果建立个性化的数学模型。学生在购物过程中需要综合考虑每种糖果的价格和折扣规则，以制定最优化的购物决策。这样的情景考验了学生对多变因素的分析能力，培养了他们在复杂情境下做出决策的能力。购物场景不仅是对数学公式的简单套用，更是对实际问题的深入思考。学生需要通过计算和比较，解决购物中的实际问题，如如何在有限预算内购买最多的糖果、选择哪些糖果可获得最大折扣等。由于引入了不同种类的糖果，学生需要动态地调整他们的数学模型。这既包括对价格和折扣的实时计算，也包括对购物决策的灵活调整，培养了学生对模型动态性的理解。可以将学生分成小组，每个小组负责不同种类的糖果，通过合作和分享，促使学生从团队的角度思考购物决策，增强合作与沟通能力。多样性的购物场景，学生将不得不进行更复杂的数学运算，包括多种糖果的价格相加、折扣计算等。这可以提高他们的数学运算技能和实际应用能力。

这个培根案例通过实际生活中的购物游戏，引导学生建立了一个数学模型，涉及代数建模、数学运算以及实际问题的解决。这样的案例既让学生感受到了数学的实际应用，又锻炼了他们对抽象数学概念的理解和运用能力。这个数与代数领域的培根案例，使学生不仅学习了数学知识，更培养了实际问题的解决能力，为他们今后学习更复杂的数学概念打下了基础。

第二节　图形与几何领域中的培根案例

在小学阶段，图形与几何是数学课程中的一个重要组成部分，它为学生提供了理解空间关系、形状和尺寸的基础。在这门学科中，培根案例成为一种激发学生兴趣、提高他们空间思维能力的教学方法。让我们通过一个学生的视角来探索一则关于图形与几何的培根案例。

案例一：彩虹珠串之几何奇妙世界

一、教学目标

理解和识别基本的几何形状。掌握几何形状的命名和特征。发展空间想象力，学会在三维空间中操作和构建几何形状。提高合作能力和解决问题的能力。

二、教学准备

彩色珠子，每个学生分发一串。几何形状图卡，包括正方形、三角形、圆形、长方形等。彩虹珠串构建示范模型。

三、教学过程

（一）形状认知

教师通过图卡向学生介绍几何形状的基本概念，强调每种形状的特征和命名。教师首先要挑选一系列适合学生认知水平的图卡，包括但不限于正方形、三角形、圆形、长方形等。图卡上最好以清晰、明亮的颜色为主，以吸引学生的注意力。在介绍每一种几何形状之前，教师可以引导学生回顾他们在生活中见到的一些相似的形状，如窗户是矩形的、蜘蛛网是圆形的等。这样的引入可以建立学生对形状的实际应用的认识。对于每一种形状，教师需要强调它的基本特征和命名。例如，正方形四条边长度相等，四个角都是直角。三角形有三条边和三个角，可以根据角的大小分为锐角三角形、直角三角形和钝角三角形。圆形没有边和角，由一个连续的曲线组成，任何一点到圆心的距离都相等。教师可以携带一些实际的物品，如正方形的书、三角形的旗、圆形的盘子等，让学生通过观察和触摸来加深对形状的认识。在介绍每种形状后，教师可以设计一些互动活动，让学生通过识别、分类、比较等方式深入理解。例如，通过请学生找教室里有多少个正方形的窗户，或者让学生在课桌上用纸片拼出不同形状。教师在介绍每个形状时，可以强调它在日常生活中的应用，使学生更容易将抽象的形状概念与实际生活联系起来，增加学习的实用性。通过以上方法，教师能够通过图卡向学生介绍几何形状的基本概念，强调每种形状的特征和命名，从而帮助他们建立对几何形状的直观认知和深刻理解。

（二）珠串构建

学生分成小组，每个小组拥有一串不同颜色的珠子。教师示范如何使用珠子串成基本的几何形状，如用红珠子串成一个圆形、用蓝珠子串成一个正方形等。使用珠串进行几何形状构建是一种富有趣味性和实践性的教学方法。教师首先将学生分成小组，每个小组分配一串不同颜色的珠子。确保每个小组都有足够数量的珠子，以便学生有足够的材料进行构建。在开始活动之前，教师可以引导学生仔细观察每一串珠子的颜色、形状和大小。这可以激发学生的兴趣，让他们对活动有一个初步的了解。教师通过示范向学生展示如何使用珠子串成基本的几何形状。例如，用红珠子串成一个圆形、用蓝珠子串成一个正方形。在示范过程中，教师可以强调每个珠子代表图形的一个部分。学生在示范后，开始共同构建几何形状。教师可以提供一些简单的图卡或示例，指导学生构建特定的几何图形，同时鼓励他们发挥创造力，尝试构建其他形状。鼓励学生在小组内相互合作，让每个成员都有机会参与构建过程。通过相互讨论、协作解决问题，培养学生的团队合作精神。教师在活动中引导学生，解答可能出现的问题，同时提供有关几何形状特征和构建技巧的额外信息。这可以确保学生理解和掌握活动的目标。每个小组完成构建后，进行几何形状的展示与分享。学生可以向其他小组展示他们构建的形状，同时解释他们的构建过程和选择。活动结束后，教师可以与学生一起进行总结，回顾构建的几何形状，强调每个形状的特征。通过反思，学生能够更好地理解几何形状的概念。通过这个活动，学生通过实际操作，以一种富有趣味性的方式加深对几何形状的认识，同时培养了合作精神和解决问题的能力。

（三）任务布置

每个小组收到一个任务卡，上面有一种几何形状的图案，要求学生使用珠子按照图案构建相应的几何形状。教师提前准备一系列任务卡，每张卡片上画有一个具体的几何形状图案，如正方形、三角形、圆形等。图案的复杂度可以根据学生年级的不同而进行调整。每个小组在活动开始前收到一张任务卡。任务卡的内容保密，直到活动开始时才揭示。这激发了学生的好奇心和探索欲望。学生在小组内观察任务卡上的几何形状图案。图案可以包含不同颜色的点、线或其他特定的标记，以提示学生在构建时使用相应颜色的珠子。学生根据任务卡上的几何形状图案，选择相应颜色的珠子，为构建准备好所需的材料。这个过程中，学生需要仔细观察任务卡，确保选用正确的颜色和数量。

一旦准备就绪，学生开始根据任务卡上的图案，使用珠子构建相应的几何形状。教师可以在这个阶段提供适时的引导和支持，确保学生理解任务的要求。学生在小组内展开合作，讨论如何有效地构建几何形状。他们可以共享观察、提出建议，促使整个小组更好地理解任务卡上的图案。小组完成几何形状的构建后进行展示。学生向其他小组展示他们的成果，并解释他们选择每个颜色和珠子的原因。在这个过程中，学生能够巩固对几何形状的认识，同时培养表达和沟通能力。

活动结束后，教师与学生一起总结活动，回顾构建的几何形状，强调任务的目标。通过反思，学生不仅能够巩固几何形状的知识，还能够理解图案和构建的关系。这个任务活动，学生在实际操作中深入理解了几何形状，并通过合作和展示锻炼了团队协作和表达能力。这种任务卡的设计，使学生更加主动地参与。

（四）合作建模

小组成员之间相互讨论，根据任务卡的要求，合作使用珠子构建几何形状。在这一过程中，学生需要共同决定每个几何形状的颜色和大小。活动开始时，教师揭示任务卡上的几何形状图案，确保每个小组的成员都清楚任务的要求。任务卡上的图案包含颜色、形状和大小的信息。小组成员开始相互讨论，分享对任务卡的观察和理解。在这个阶段，学生可以提出关于颜色和大小的不同想法，展开合作决策的讨论。学生根据任务卡上的提示或图案，共同决定构建几何形状时使用的颜色。选择相似或相反的颜色，也是按照特定的颜色顺序构建。学生需要讨论和确定每个几何形状的大小。这可以通过确定使用的珠子数量来实现，也可以通过相对大小的比较来决定。小组成员可以根据各自的意见和专长，在构建过程中分工合作。有的成员负责选取珠子，有的负责排列珠子，以确保几何形状的构建过程有序而高效。在合作过程中，会出现一些关于颜色和大小的分歧。学生需要学会通过讨论和理性沟通来解决分歧，以达成共识。小组成员根据讨论和决策开始构建几何形状。这个过程中，学生需要相互协作，确保每个决策都被有效地实施。当几何形状构建完成后，小组成员可以向其他小组展示他们的成果。在分享过程中，学生有机会解释他们的决策过程，强调合作和讨论的重要性。活动结束后，教师与学生一起回顾这个合作构建的过程，总结决策和解决问题的经验。通过反思，学生能够更深刻地理解合作的价值和团队工作的重要性。通过这个活动，学生在实际操作中不仅加深了对几何形状的理解，还培养了合作、沟通和解决问题的能力。这样的活动不仅可以帮助学科知识的掌握，还培养了学生在团队中协作的能力。

（五）展示与分享

每个小组完成后，进行珠串几何形状的展示。学生不仅展示自己小组的成果，还要解释选择颜色和构建的思路，以促进对几何概念的深入理解。每个小组在活动结束后，有一定的时间准备展示。他们需要确保构建的几何形状符合任务卡的要求，同时准备解释自己的决策过程。在准备期间，小组成员可以讨论如何有序地展示他们的成果。他们可以确定展示的顺序，确保每个成员都有机会表达自己的观点。

每个小组轮流进行展示，学生可以将构建的几何形状展示给其他同学。在展示的同时，每个小组成员需要解释选择每个颜色和构建的思路。这可以包括对几何形状特征、颜色搭配的解释，以及他们在构建过程中遇到的挑战和解决方法。其他同学在每个小组展示后，有机会提出问题或分享自己的观察。这可以促进学生之间的互动和思想交流，让整个班级都能分享并学习。教师在展示过程中起到引导和点评的作用。通过向学生提出深入的问题，引导他们思考更多的几何概念和构建策略。同时，教师也可以表扬学生的创意和解决问题的能力。活动结束后，教师可以与全班同学一起进行总结，分享每个小组的优点和创意。这可以帮助全班学生对几何概念进行全面理解，同时也为学生提供了一个分享和欣赏的机会。通过这个展示及解释活动，学生不仅能够展示自己的成果，还通过解释思路来深入理解几何概念。这样的交流和分享可以培养学生的表达能力，促进他们在学科知识上有更深层次的理解。

（六）扩展活动

鼓励学生进一步发挥创造力，通过自由组合珠子串成其他几何形状，创造属于他们的奇妙世界。活动开始时，教师可以通过简短的讨论或示范来激发学生的创意思维。强调他们可以自由地组合珠子，创造新的几何形状，而不受特定任务卡的限制。学生在活动中需要得到足够的自由，因此，教师可以提供各种颜色和大小的珠子，以及其他用于构建的材料，如小绳、彩纸等。这样的多样性可以激发学生的创造性思维。学生开始自由组合珠子，构建他们自己的独特几何形状。教师可以在这个过程中鼓励学生尝试不同的组合方式，引导他们在创意中探索。学生通过组合珠子，创作属于自己的奇妙世界。他们可以构建奇异的建筑、独特的景象，或者将不同的几何形状组合成新奇有趣的图案。学生有机会向其他同学分享他们创造的奇妙世界。在分享过程中，鼓励学生解释他们的创意思路和构建过程，分享自己的灵感来源。教师在分享和展示过程中要给予积极的反馈和赞扬，强调每个学生的创意都是独一无二的。这可以激发学生对创意的更多热情，增强他们在学科学习中的兴趣。活动结束后，教师可以与学生一起总结，回顾每个人的创意和奇妙世界。通过反思，学生能够理解创造力的重要性，并对几何形状的多样性有更深入的认识。这个创意几何形状组合的活动，学生在自由探索中培养了创造性思维，同时也体验到了几何形状的多样性。这样的活动既让学生在实际操作中深入理解了几何概念，又激发了他们对学科的独特兴趣。

通过这个案例，学生在实际操作中巩固了几何形状的知识，培养了合作精神和创造性思维。此外，活动的趣味性和实用性使学生更加主动地参与，提高了他们对几何概念的学科兴趣。

案例二：奇妙画布——探索几何图形的创意绘画

一、教学目标

理解几何图形的基本特征和性质。掌握几何图形的命名和分类。发展创意思维，将几何图形融入绘画创作。提高学生观察、分析和表达的能力。

二、教学准备

绘画纸、颜料、画笔等绘画工具。几何图形图卡，包括正方形、三角形、圆形、椭圆等。彩色沙粒或其他可粘贴的小材料。

三、教学过程

（一）图形认知

教师通过图卡向学生介绍几何图形，强调每种图形的特征、边数和角度。教师事先准备一系列适合学生认知水平的图卡，包括正方形、三角形、圆形等。图卡最好使用鲜明的颜色，图形要清晰可辨认。

在介绍每一种几何图形之前，教师可以通过引导学生回顾他们在日常生活中见到的一些相似的形状，如窗户是矩形的、交通标志是三角形的等。这可以建立学生对形状的实际应用的认识。对于每一种图形，教师需要强调它的基本特征和命名。例如：正方形，四条边长度相等，四个角都是直角。三角形，有三条边和三个角，可以根据角的大小分为锐角三角形、直角三角形和钝角三角形。圆形，没有边和角，由一个连续的曲线组成。教师可以携带一些实际的物品，如正方形的书、三角形的旗、圆形的盘子等，让学生通过观察和触摸来加深对形状的认识。在介绍每个形状后，教师可以设计一些互动活动，让学生通过识别、分类、比较等方式深入理解。例如，通过请学生找教室里有多少个正方形的窗户，或者让学生在课桌上用纸片拼出不同形状。教师在介绍每个形状时，可以强调它在日常生活中的实际应用，使学生更容易将抽象的形状概念与实际生活联系起来，增加学习的实用性。通过以上方法，教师能够通过图卡向学生介绍几何图形的基本概念，强调每种图形的特征和命名，从而帮助他们建立对几何图形的直观认知和深刻理解。

（二）图形观察与分析

学生观察并讨论不同几何图形在日常生活中的应用，以加深对它们的理解。教师可以引导学生仔细观察周围的环境，寻找不同几何图形的实际应用。这可以包括课堂内外的物体，如窗户、门、书桌、篮球场地等。把学生分成小组，共同讨论他们观察到的几何图形在日常生活中的应用。鼓励他们分享各自的发现，并提出关于图形特征的问题。

教师在小组讨论中起到引导和提问的作用。通过向学生提出一些问题，引导他们深入思考，如"为什么窗户大多是矩形的？"或者"我们为什么在篮球场上看到了圆形的篮筐？"每个小组将他们观察到的几何图形应用情况记录下来。这可以通过制作一个共享的图表或简单的日记形式来展示。各小组可以轮流向全班分享他们的观察和发现。在共享过程中，学生有机会学习到其他小组的观点，并加深对几何图形在现实生活中的应用理解。教师可以拓展讨论，引导学生思考更复杂的问题，如"为什么交通标志经常使用三角形和圆形？"或者"为什么电视屏幕是矩形的？"这可以提高学生对图形应用的认识。在讨论过程中，教师可以强调几何图形在设计和工程领域中的实际应用，以及为什么特定的形状被选择。这可以将学科知识与实际情境联系起来。活动结束后，教师与学生一起进行总结，回顾各组的观察和讨论。通过反思，学生能够更深刻地理解几何图形在日常生活中的应用，同时培养他们的观察力和问题解决能力。通过这个观察与讨论活动，学生在实际情境中体验几何图形的应用，从而更深入地理解图形的特征和在生活中的实际意义。这样的教学方法可以激发学生的学科兴趣，使学习更加生动有趣。

（三）绘画准备

每个学生收到一张空白画纸，绘画工具摆在桌上。教师鼓励学生先在脑海中构思一幅与几何图形相关的创意绘画。教师可以通过一些简短的讨论或示范，激发学生对几何图形的创意构思。例如，通过展示一些与几何图形相关的艺术作品或图案，引导学生开始思考如何将几何图形融入自己的创作。每个学生收到一张空白画纸和各种绘画工具，如彩色笔、水彩、色纸、剪刀等。确保学生有足够的材料来表达他们的创意。学生在开始绘画前，先在脑海中构思一幅涉及几何图形的作品。教师鼓励他们考虑使用不同的几何形状、颜色和排列方式，以展现他们对图形的理解。学生开始在画纸上进行绘画，表达他们的构思创意。教师可以在这个阶段巡视并提供一些建议，同时确保学生有足够的时间将自己的构思付诸实践。教师鼓励学生在绘画过程中实验不同的图形组合和颜色搭配，以展示他们的创新思维。这可以培养学生的创意和艺术表达能力。学生可以在绘画活动结束后，与同学们分享他们的作品。这使学生彼此之间分享创意、相互学习，并建立积极的艺术氛围。教师可以提供一些建议和正面的反馈，强调学生作品中的创意之处。这可以激发学生的自信心，并鼓励他们在艺术创作中持续努力。教师可以组织一个小的画廊，让学生的作品得以展示，让全班同学欣赏。这样的展示活动可以增强学生对艺术的兴趣，同时激发更多的创作灵感。通过这个创意绘画活动，在实践中深化了学生对几何图形的理解，同时培养了他们的创造力和表达能力。这样的活动既使学生在艺术中体验了学科知识，又促进了对几何图形的深刻理解。

（四）选择图形

学生从准备的图卡中选择一个或多个几何图形，作为他们创作的主题。图卡的选择旨在帮助学生有一个明确的起点。教师准备一系列包含不同几何图形的图卡，如正方形、三角形、圆形等。图卡上可以包含一些关于图形特征、颜色或与图形相关的提示。每位学生从准备的图卡中选择一个或多个几何图形，作为他们的创作主题。这个选择的过程可以在教师的引导下进行，也可以给予学生一些自主决策的空间。学生在选择图形后，通过仔细观察和研究图卡上的信息，理解所选择的几何图形的特征。这可以确保学生在创作中准确表达所选图形。学生根据选择的几何图形，开始构思他们的艺术作品。在这个构思过程中，鼓励学生考虑如何通过图形的形状、颜色和排列方式来展现他们的创意。学生使用绘画工具开始创作。在这个阶段，他们可以根据所选图形的特点，运用各种色彩、纹理和形状，创作出与几何图形相关的独特艺术作品。教师在创作过程中可以提供一些引导和支持，鼓励学生发挥创造力，同时确保他们理解并准确表达所选几何图形。

完成创作后，学生有机会向同学们展示他们的艺术作品。在共享过程中，学生可以解释他们选择的几何图形主题，并分享自己的创作灵感。

学生之间可以进行互相欣赏和交流，通过观察其他同学的作品，学到更多的创作灵感，并形成一个合作学习的氛围。从图卡中选择几何图形作为创作主题，学生在艺术创作中融入了几何概念，同时得到了一定的指导和启发。这样的活动既能锻炼学生的艺术表达能力，又能促使他们更深入地理解几何图形的特征。

（五）创意绘画

学生开始在画纸上绘制，将选择的几何图形巧妙地融入他们的创意绘画。可以使用颜料、沙粒等材料，使画面更加生动。学生可以结合选定的几何图形图卡，确定一个创意主题，思考如何将几何图形融入画面。例如，如果选择了圆形，可以考虑创作一个太阳或一个球形的天体。教师提供各种绘画工具，如彩色笔、水彩、油画颜料等，同时可以提供一些特殊的材料，如沙粒、纸张剪贴、丝带等，让学生在创作中有更多的选择。学生使用准备好的图卡上的几何图形作为起点，在画纸上绘制出它们。这一步可以是基础的图形描绘，也可以是对图形进行变形和组合，以融入学生的创意主题。学生通过绘画表达他们对所选主题的创意理解。他们可以在图形周围绘制与主题相关的场景、人物或其他元素，使整幅画面更加丰富和生动。为了使画面更有质感和层次感，学生可以尝试使用颜料、沙粒等材料，将它们巧妙地融入绘画。例如，可以在太阳的周围加入金黄色的沙粒，使阳光更加明亮。在创作过程中，鼓励学生之间进行互动与分享。他们可以交流彼此的创意，为彼此的作品提供建议和反馈。教师在创作过程中提供支持与引导，鼓励学生发挥创造力，同时确保他们理解几何图形的特征，并能够将其巧妙地融入整个绘画。完成作品后，学生有机会将他们的创作展示给全班同学。在展示过程中，可以促进学生之间的交流，增强对彼此作品的欣赏。通过这个创意绘画与几何图形融合的活动，学生在实际创作中更深入地理解了几何图形的概念，同时培养了他们的艺术表达能力和创造性思维。这样的活动能够让学生在艺术中感受到学科知识的乐趣，激发其对学习的兴趣。

（六）分享与评价

每位学生完成后，进行画面分享。同学们互相欣赏和评价，分享他们在创作中的独特想法。教师组织定时的分享活动，让每位学生有机会展示自己的创作。这可以是在课堂的特定时间段，确保每个学生都能够分享他们的作品。每位学生在分享时可以简短地介绍自己的创作，包括选择的几何图形主题、表达的创意理念以及使用的特殊材料。这可以引导同学们更好地理解作品的创作背景。其他同学在每位学生分享后，有机会欣赏作品，并提出一些问题或给予正面的评价。这可以促使同学们更深入地了解彼此的创作，并鼓励积极的互动。教师在分享和讨论过程中，鼓励同学们给予正面的评价。可以提出一些具体的问题，如"你觉得这幅画中几何图形的融合很巧妙吗？"或"你能发现画中的一些独特之处吗？"以促使同学们深入思考和赞美。学生之间可以展开创意交流，分享彼此在创作中的心得和体会。这可以建立积极的学习氛围，让同学们在分享中互相启发。在欣赏和评价的同时，同学们也可以提出一些建议和改进的意见。这种建议应该是建设性的，可以帮助学生在未来的创作中不断进步。教师在活动的最后可以进行总结，点评一些突出的作品，同时强调每个学生在创意表达和几何图形融合方面的进步。这可以激发学生对学科的兴趣。通过这样的分享与互动评价活动，可以在班级中创造出积极的学习氛围，促进同学们在艺术和学科知识中相互学习和交流。通过这个活动，学生不仅能够展示自己的创作，还能够从同学的作品中获取灵感和启示。这样的互动评价不仅可以提高学生的创造力，还可以促进学科知识的深入理解。

（七）反思与总结

在分享过程中，教师引导学生反思他们在创作中的选择和表达，加深对几何图形的理解。在学生分享作品后，教师可以提出一些引导性问题，以促使学生深入思考他们的创作。例如："为什么选择了这个特定的几何图形作为你的创作主题？""你是如何将几何图形融入整个画面中的？""在选择颜色和材料时，有没有考虑到几何图形的特征？"教师鼓励学生解释他们在创作中的各种选择。这可以涉及颜色、形状、图案等方面。通过让学生解释他们的选择，可以帮助他们更清晰地理解几何图形的特征。除了技术层面的选择，教师还可以引导学生表达他们创作中的感想和意图。例如，学生在创作中想要表达的情感、故事背后的意义等。这可以将创作与个人情感联系起来。教师可以提出一些建议，如与其他同学的作品进行对比，或者与艺术品、图书或现实生活中的例子进行类比。通过这样的对比，学生可以更全面地认识自己的作品，也可以更好地理解几何图形在不同背景下的应用。教师在反思中可以强调几何图形在现实生活中的实际应用。例如，讨论为什么建筑物多使用矩形或圆形的设计，或者为什么交通标志采用三角形或圆形。引导学生思考如何在未来创作中更创新地运用几何图形。鼓励他们尝试不同的组合、颜色和表达方式，以激发创新思维。除了教师的引导，也鼓励同学之间相互提供反馈。同学们可以分享对彼此作品的看法和建议，从而在互动中更全面地理解几何图形的表达。活动的最后，教师可以帮助学生总结他们在反思过程中的收获，并展望未来的创作。这可以帮助学生形成对几何图形的更深刻理解，并激发他们对艺术和学科的兴趣。在分享中引导学生进行反思，他们不仅能够更深入地理解自己的创作，还能够通过思考和对话，加深对几何图形在艺术中的应用和表达的认识。

通过这个案例，学生不仅巩固了几何图形的知识，还培养了创意思维和艺术表达能力。这种融合了艺术创作的方式使学生更加主动地参与学习，同时丰富了对几何图形的理解和感知。

第三节　统计与概率领域中的培根案例

在小学数学学科中，我们设计了一项名为"小学数学探索之旅"的培根案例，重点探讨统计与概率领域的知识。通过这个案例，学生将踏上一场充满趣味和发现的数学之旅，通过实际活动和游戏，深入了解统计和概率的概念，培养他们的数学思维和解决问题的能力。这个案例不仅使学生在小学阶段建立坚实的数学基础，同时也激发了他们对数学的兴趣。

统计与概率领域的培根案例

一、案例简介

在小学数学领域中，我们设计了一项名为"小学数学探索之旅"的培根案例，专注于统计与概率的学习。通过此案例，学生将参与一系列有趣的实践活动和游戏，深入了解统计与概率的概念，提高数学思维和解决问题的能力。

二、实地调查

学生将开始一场实地调查，选择感兴趣的主题，如学校午餐的口味偏好或班级同学的身高分布。通过调查问卷和观察，他们将收集数据，并学习如何分类、整理和分析这些数据。在探索之旅开始之前，学生将参与主题的选择过程。通过小组讨论或投票，他们有机会提出各种有趣的调查主题，如最受欢迎的午餐食物、学校活动的参与程度，或者身高与年龄的关系等。这一步骤旨在激发学生对数学调查的兴趣，并确保主题与他们的生活经验相关。一旦确定调查主题，学生将学习如何制定调查问卷。他们需要思考问题的设计，确保问题既能够获取所需信息，又能够以清晰的方式回答。这个过程不仅培养了学生的问题解决能力，还锻炼了他们的沟通和表达能力。学生们将拿着设计好的调查问卷，走进实地收集数据。在这个过程中，他们将学会如何与同学或其他人有效沟通，提出问题，并记录回答。同时，通过观察，他们还能获取更多的信息，如午餐食物的摆放情况或身高的视觉印象。将收集到的数据需要进行分类与整理，这是培养学生数据管理能力的重要步骤。学生将学会使用表格、图表或其他方式将数据整理成可读、可分析的形式。这既包括数量型数据的整理，也包括质性数据的分类。在数据整理完成后，学生将学习如何进行简单的数据分析。他们可以计算频率、制作柱状图或饼图，以直观地展示数据的分布情况。这一步骤将帮助学生理解如何从数据中提取信息，并为后续的数学探索奠定基础。

这场实地调查，学生将不仅仅是获取数据，更是学到了调查的全过程，从问题设计到数据分析。这种实践性的学习方式不仅使学生亲身体验了数学的应用，还培养了他们解决实际问题的能力，为深入学习统计与概率领域奠定了坚实的基础。

三、数据图表制作

在收集数据的基础上，学生将学习如何制作各种数据图表，包括条形图、饼图和折线图。通过手工制作和数字工具的应用，他们将数据以图形的形式呈现，培养数据可视化的能力。学生首先要了解数据图表在传达信息方面的重要性。通过将数据转化为图形，他们可以更清晰地展示和比较不同数据之间的关系，使得复杂的数据更易于理解。这种数据可视化的技能是培养学生数学思维的关键一步。学生将学习如何制作条形图，这是一种常用于表示不同类别数据的图表形式。他们将使用图纸和颜色标记，手工制作条形图，通过比较不同类别的数据，发现数据之间的规律和趋势。饼图是展示各部分占整体比例的理想选择，对于表示比例和百分比非常有效。学生将学会如何制作饼图，通过手工制图或数字工具，展示调查主题中不同类别的相对比例。折线图适用于展示数据的变化趋势。通过手工绘制或数字工具的应用，他们可以表示出数据在不同时间或条件下的变化，帮助他们更好地理解数据背后的规律。在学习制作各种数据图表的过程中，学生将有机会选择使用手工制图或数字工具，如电脑软件或应用程序。这不仅拓展了他们的技能范围，还使他们能够灵活运用不同的工具，适应不同的情境。学生将应用他们学到的数据可视化技能，将自己的实地调查结果制成图表。这不仅是对他们之前收集和整理的数据的一种实际运用，也培养了他们将信息呈现出来的能力。最后学生将学会如何解读数据图表。通过观察和分析所制作的图表，他们能够提取更深层次的信息，发现数据中的规律，从而得出更为全面的结论；他们不仅学会了制作各种数据图表，还培养了对数据的敏感性和分析能力。这为他们日后更深层次的数学学习打下了坚实的基础。

四、概率游戏

为了更好地理解概率的概念，学生将参与一系列概率游戏。通过投掷骰子、抽取卡片等活动，他们将亲身体验事件发生的可能性，并学会用数字表示概率。在概率游戏的开始阶段，教师将设计一系列简单而富有趣味的游戏。例如，使用标有不同数字的骰子，或者制作包含不同事件的卡片。规则会被清晰地介绍，确保学生理解每个游戏的目标和玩法。通过投掷骰子的游戏，学生将观察骰子的各面，并尝试预测特定数字的出现概率。他们将学习如何使用简单的数字表示法，如 1/6 表示在标准六面骰子上每个数字的概率。这使概率这一抽象概念变得更加具体可见。另一种常见的概率游戏是抽取卡片。卡片上可以写有不同的事件，如颜色、数字或图案。学生通过抽取卡片来实际体验各个事件发生的可能性，并在游戏过程中学会用分数或百分比来表示概率。在每个游戏之后，教师将引导学生进行讨论。他们可以分享他们的观察、预测以及实际结果。这种交流不仅巩固了学生对概率概念的理解，还促进了团队合作和彼此间的学习。教师可以设计一些与日常生活相关的概率游戏，使学生能够将学到的知识应用到实际情境中。例如，模拟天气预测的概率游戏，学生通过观察云的形状、温度等参数，预测下雨的概率。为了培养学生的创造力，也可以鼓励他们设计自己的概率游戏。这个环节不仅锻炼了他们的概率计算能力，还培养了解决问题的能力。最终，学生将学会如何用数字来表示概率。他们会理解分数、百分比的概念，并能够将抽象的事件发生可能性具体化为数字，使得概率计算更为直观。通过这一系列生动有趣的概率游戏，学生将不仅能够理解概率的抽象概念，还能够亲身体验事件发生的可能性。这种实践性的学习方式既培养了他们的数学技能，又激发了其对数学的兴趣。

五、实际应用

案例中将引入一些实际应用的场景，如购物时的折扣概率或天气预测的概率。学生将运用所学概念解决实际问题，培养将数学知识应用于日常生活的能力。在购物这个场景中，学生将面对一个购物决策的问题。他们将了解商店在不同时间推出的折扣活动，并通过学到的概率概念，预测下一次折扣活动发生的可能性。学生可以运用他们所学的概率表示方法，如 1/4 表示 25% 的概率，从而做出理性的购物决策。在这个场景中，学生将接触天气预测。通过了解天气预测中使用的概率概念，学生将能够理解天气预测并不是百分之百准确的，而是有一定的概率。他们可以运用所学概念，通过观察天气条件，预测下雨或阳光的可能性，并在实际活动中实践这些概念。通过这些实际应用场景，学生学会将数学知识应用于日常生活。他们不仅仅在理论上了解了概率的概念，还能够在实际情境中运用这些知识，做出更加明智和有依据的决策。这种实际运用的过程将培养他们将数学知识融入日常生活的能力，使数学不再是一门抽象的学科，而是与实际生活紧密相连的有用工具。在解决实际问题的过程中，学生将会有机会进行团队协作和讨论。他们可以分享自己的观点，与同学们一起思考如何应用概率概念解决问题。这促进了他们的团队意识和合作能力。最后，学生将通过反思和总结，总结在实际应用场景中所学到的概率知识。这可以巩固他们对概率概念的理解，并为未来更深层次的数学学习打下坚实的基础。引入实际应用场景，学生不仅能够学到抽象概念，还能够将数学知识有机地融入自己的日常生活中。这样的学习方式既激发了学生对数学的兴趣，又培养了他们解决实际问题的能力。

六、小组合作项目

学生将组成小组，共同完成一个统计与概率领域的小组合作项目。通过设计问卷、收集数据、制作图表和展示结果，他们将锻炼团队合作、沟通和领导能力。学生将被分成小组。鼓励教师根据学生的兴趣、技能和性格特点合理安排小组，以确保每个小组都具有多样性。每个小组将有机会选择一个统计与概率领域的项目主题。这可以是关于学校内的学生活动参与、午餐口味偏好，或者其他与他们生活密切相关的主题。这样的设计可以激发学生对项目的兴趣。学生需要共同设计调查问卷，确保问题既能够获取所需信息，又能够以清晰的方式回答。在这一过程中，他们将学会团队合作、共同商讨，并理解问题设计的重要性。小组成员将负责在学校内或社区中进行调查，并收集数据。这涉及有效的沟通和协作，确保每个小组成员都能完成自己的任务，并收集到足够的数据。收集到数据后，小组成员需要共同协作，将数据进行分类、整理和分析。他们可以运用所学的统计和概率知识，制作图表来可视化数据，以便更好地理解和展示结果。小组将负责制作展示材料，包括图表、图像以及对数据分析的解释。这涉及创意和团队的努力，每个成员都能够为项目的最终呈现贡献一份力量。最后，每个小组将向全班展示他们的项目成果。在展示过程中，小组成员将学到如何有效沟通、表达自己的观点，并学会倾听和回应同学的提问和反馈。项目结束后，学生将有机会共同评估整个团队合作过程。这包括小组成员之间的合作情况、项目的完成度，以及他们在整个过程中学到的团队合作、沟通和领导方面的技能。通过这个小组合作项目，学生不仅学到了统计与概率的知识，还培养了实际解决问题的能力、团队合作精神和数学思维。这种实际应用的学习方式既丰富了学生的学科知识，又培养了他们在团队中发挥作用的能力。

七、反思与总结

在案例的最后阶段，学生进行个人和团队反思，总结所学的统计与概率知识。教师将引导他们思考学到的技能如何在不同情境下应用，并鼓励他们分享对数学探索之旅的见解和体会。每位学生将被鼓励进行反思，思考整个项目过程中自己的贡献、遇到的挑战以及通过项目学到的具体技能。这可能包括对调查问卷设计的理解、数据分析的能力以及如何有效地制作图表等方面。学生将思考这些技能如何在日常生活中应用，并找到数学在解决实际问题中的实际价值。除了个人反思外，学生还将参与团队反思。他们将一起讨论整个团队合作过程中的亮点、困难和解决方案。团队反思的目的是鼓励学生分享经验、倾听他人的观点，并共同总结团队的成功和需要改进之处。这培养了学生在团队中合作与沟通的能力。学生将思考所学的统计与概率知识在不同情境中的应用。教师可以提出一些实际生活中的其他情境,让学生思考如何运用所学的技能解决这些问题。这可以将学到的知识与实际生活联系起来,使学生认识到数学是一个实用的工具。学生将被鼓励分享他们对整个数学探索之旅的见解和体会。这可以包括他们在团队中的成长、对数学学科心态的变化、对实际问题解决的信心等方面。这种分享可以激发其他学生对数学学科的兴趣,并加强整个班级的学习氛围。教师将在反思过程中起到引导和反馈作用。他们可以提出深入的问题,引导学生思考如何将所学的技能进一步发展和应用。同时,教师也会提供积极的反馈,鼓励学生在数学学科中持续探索和进步。通过这一系列的反思和总结,学生不仅对统计与概率知识有了更深刻的理解,还培养了对数学学科的热爱和主动学习的态度。这种全面的学习体验既增强了学生的学科知识,又培养了学生在团队中合作、沟通和领导的各种能力。

通过这个小学数学探索之旅,学生不仅能学到统计与概率的知识,还能培养实际解决问题的能力、团队合作精神和数学思维,为将来更深层次的数学学科学习打下坚实的基础。

探索学校体育课上学生的运动喜好

一、案例描述

在这个小学数学之旅中,学生将深入学习统计与概率的知识,通过探索学校体育课上学生的运动喜好,运用所学知识进行数据收集、分析和可视化呈现。

二、案例步骤

(一)主题选择

学生首先确定项目的主题,选择学校体育课上学生的运动喜好。这个主题不仅与学生的日常生活直接相关,还能够让他们在数学学科中体验实际的数据探索。整个项目具吸引力和实际意义。小组成员共同设计了一份调查问卷,涵盖学校体育课上常见的运动项目,如足球、篮球、跳绳等。问卷的设计需要综合考虑学生的运动偏好，确保全面覆盖。学生在学校内进行了问卷调查，采用随机抽样的方式收集同学们对不同运动项目的喜好。这一步骤将使他们深入了解同学们的运动偏好，并为后续的数据分析提供丰富的素材。小组成员共同整理收集到的数据，运用所学的统计与概率知识进行简单的分析。他们计算了每种运动项目的频率、百分比等数据，以便更好地理解学校体育课上运动偏好的整体趋势。学生学会了如何使用图表来呈现数据，制作了柱状图、饼图等不同类型的图表。通过这些图表，他们能够清晰地展示每项运动的受欢迎程度，使得数据更易于理解。每个小组将他们的调查结果和图表进行团队展示。在展示过程中，学生需要清晰地表达他们的发现，并回答其他同学的提问。这一环节培养了他们的表达和沟通能力。最后学生将进行个人和团队反思。他们思考自己在项目中的角色和贡献，总结团队合作的亮点和挑战。这可以培养他们的团队合作、领导和反思能力。通过这个项目，学生不仅学到了统计与概率的知识，还在实际项目中锻炼了数据分析和图表制作技能。这种实际应用的学习方式既激发了学生对数学的兴趣，又培养了他们解决实际问题的能力。

（二）调查设计

小组成员一起设计了一份调查问卷，覆盖了学校体育课上常见的运动项目，如足球、篮球、跳绳等。问卷设计要综合考虑学生的运动偏好，确保涵盖全面。在设计问卷之前，小组成员首先明确了调查的目标，即了解学生在体育课上对不同运动项目的兴趣和喜好程度。这可以确保问题的针对性和实用性。考虑到学生的运动偏好多样，小组成员确保问卷涵盖了学校体育课上常见的运动项目，如足球、篮球、跳绳等，确保包含多个运动项目可以获取更全面的数据。问卷中包含了多样性的问题，以全面了解学生的运动偏好。例如，问题可以涉及对各项运动的喜好程度（很喜欢、喜欢、一般、不喜欢、很不喜欢）、参与频率、最喜欢的运动项目等。除了封闭式问题外，小组成员还可以考虑添加一些开放性问题，鼓励学生表达更多个性化的观点。例如，可以询问学生为什么喜欢某个特定的运动，或者是否有其他他们喜欢的运动项目。问卷中的问题语言要简单明了，适应学生的理解水平。使用清晰、简单的语言可以确保学生能够准确理解问题，并更容易回答。为了鼓励学生真实、坦诚地回答问题，小组成员可以设计匿名性保障机制，确保学生的个人信息得到妥善保护。这可以提高数据的可靠性。在正式实施之前，小组成员可以进行问卷的试行，通过反馈和讨论进行必要的修改。这可以确保问卷设计的合理性和有效性。考虑到小学存在不同文化和背景的学生，问卷设计要尽量避免对某些群体的歧视，确保问题的普适性。这样综合考虑学生运动偏好的问卷设计，学生在实际调查中能够更全面、准确地了解同学们在体育课上的运动喜好，从而为后续的数据分析和图表制作提供丰富的素材。

（三）数据收集

学生在学校内进行了问卷调查，收集了同学们对不同运动项目的喜好。通过问卷调查，他们收集了足够的数据，反映了学生在体育课上的运动喜好分布。小组成员在学校内分发了设计好的问卷，并鼓励同学们认真回答。为了确保数据的真实性和多样性，他们让尽可能多的同学参与调查。在问卷收集过程中，小组成员负责监督并确保问卷的完整性。为了让同学们更加坦诚地回答，问卷设计中注重了匿名性。学生清楚地知道他们的个人信息不会被记录，这可以提高数据的可信度。小组成员在数据收集过程中进行了协作与团队分工。一些同学负责分发问卷，一些负责收集填写完毕的问卷。这可以高效地完成调查工作，同时培养团队合作能力。为了获取更全面的数据，小组成员确保问卷涵盖了不同年级和班级的学生。这可以反映整个小学范围内学生的运动喜好分布情况，而不仅仅局限于某个特定群体。在数据收集过程中，小组成员积极与同学们沟通，解答他们对问卷内容的疑问，并进行必要的解释。这可以确保同学们理解问题的准确性，从而提高数据质量。当收集到足够的问卷之后，小组成员进行了数据整理和初步分析。他们使用简单的统计方法计算每种运动项目的喜好程度，以便更好地理解学生的整体运动喜好。通过这一问卷调查过程，学生不仅学到了实际的数据收集技能，还在实际项目中体验了统计与概率知识的应用。这种实践性的学习方式既丰富了他们的数学知识，又培养了其团队合作和沟通能力。

（四）数据整理与分析

小组成员共同整理了收集到的数据，使用简单的统计方法进行分析。他们计算了每种运动项目的受欢迎程度，比如计算每项运动的频率、百分比等。小组成员首先汇总了从问卷调查中收集到的数据。数据涵盖了学校不同年级和班级的学生对各种运动项目的喜好情况。在整理数据过程中，他们确保准确记录每个学生对不同运动的选择。为了了解每种运动项目的受欢迎程度，小组成员使用了简单的频率计算方法。他们计算每个运动项目在整个样本中出现的次数，从而得到各项运动的频率。为了更形象地表达运动项目的受欢迎程度，小组成员将频率转化为百分比。通过计算每项运动的百分比，他们能够清晰地了解每种运动在整个样本中的相对受欢迎程度。为了更好地呈现分析结果，小组成员制作了简单的图表，如柱状图或饼图。这些图表能够直观地展示各项运动的相对受欢迎程度，为学生提供了更容易理解的视觉呈现方式。在分析过程中，小组成员着重关注频率较高的运动项目，并总结了各项运动的受欢迎程度。他们可以通过比较不同运动的百分比，确定学生在体育课上的主要运动偏好。小组成员准备了一份分析结果的报告，并与整个团队分享了他们的发现。通过团队分享，学生有机会学会如何清晰地表达他们的分析结果，培养了团队协作和沟通能力。通过这一数据整理与分析过程，学生不仅学到了如何使用统计方法分析数据，还锻炼了团队合作和报告撰写的能力。这种实际项目的学习方式不仅提升了数学技能，还培养了学生解决问题和团队协作的能力。

（五）图表制作

学生学会了如何使用图表来呈现数据，制作了柱状图、饼图等不同类型的图表。通过这些图表，他们能够清晰地展示每项运动的受欢迎程度，使得数据更易于理解。学生首先学会了如何使用柱状图来呈现数据。对于每项运动，他们绘制了相应的柱形，柱形的高度反映了该运动项目在样本中的频率或百分比。这种图表形式直观简洁，容易让观众比较不同运动的受欢迎程度。除了柱状图，学生还学会了使用饼图来展示数据。在饼图中，每个运动项目都对应着一个扇形，扇形的大小表示该运动在整个样本中所占的百分比。饼图通过圆形的方式呈现了各项运动的相对比例，使得数据一目了然。为了进一步提高图表的清晰度，学生运用了不同的颜色和标签。每个运动项目可以用不同颜色进行区分，而标签则提供了关于每项运动的额外信息。这样的设计使得图表更加生动有趣，也更易于理解。每个图表都附带了标题和说明，用以解释图表的含义和背后的数据。学生学会了如何用简短而明确的语言来表达图表的主要观点，确保观众对数据的理解更为全面。在图表制作过程中，学生进行了团队讨论，共同商讨如何更好地呈现数据。他们会根据同学们的反馈进行图表的改进，以确保最终的图表更加清晰和有效。学生向全班展示了他们制作的图表，并进行了详细的讲解。这一过程不仅锻炼了他们的表达能力，还使他们深入理解了图表所呈现的数学概念。通过制作不同类型的图表，不仅提高了学生的图形表示能力，还培养了他们观察和解读数据的技能。这种实际的数据可视化过程既增强了学生数学学科的学习体验，又培养了学生的创造力和团队协作能力。

（六）团队展示

每个小组将他们的调查结果和图表进行团队展示。在展示过程中，学生需要清晰地表达他们的发现，并回答其他同学的提问。这培养了他们的表达和沟通能力。每个小组在展示之前花时间准备，确保他们的图表和数据呈现清晰、准确。他们会继续讨论如何最好地解释调查结果，选择最有效的方式展示图表，并准备回答可能的提问。在展示过程中，学生需要清晰地表达他们在数据分析中发现的主要观点。这包括哪种运动在学校中最受欢迎，是否有某些运动在不同年级之间存在差异等。通过清晰的表达，他们能够向其他同学传达他们对数据的深刻理解。学生展示他们制作的图表，并解读图表的含义。他们会使用图表的颜色、标签和标题来强调重要的观点，并确保其他学生能够轻松理解图表所呈现的信息。图表的说明也是展示中的关键部分，帮助其他同学更好地理解数据。展示结束后，其他同学会提出问题。学生需要做好准备回答这些问题，这可以巩固他们对数据的理解，并展示他们对调查结果的全面了解。这也促使了学生互动和深入讨论。在展示过程中，教师和同学们可以提供反馈，鼓励学生改进他们的表达方式或图表设计。这种反馈机制可以帮助学生不断提高他们的表达和沟通能力，培养自我反思的习惯。整个团队在展示中需要密切协作，确保每个成员都能够有效地贡献。这培养了团队协作和协调的能力，同时让学生学会从不同角度思考问题。通过这一团队的展示过程，学生不仅提升了表达和沟通技能，还培养了团队协作和接受反馈的能力。这种实际的项目学习方式不仅使数学变得更加有趣，也为学生提供了更多的综合素养的培养机会。

（七）个人与团队反思

学生将进行个人和团队反思。他们思考自己在项目中的角色和贡献，总结团队合作的亮点和挑战。这可以培养他们的团队合作、领导和反思能力。学生首先将对自己在项目中的表现进行反思。他们会思考自己在数据收集、图表制作和展示过程中的具体角色。这可以帮助他们认识到自己的强项并发现需要进一步提升的方面。学生思考他们个人在团队中的贡献，包括在哪些方面做得出色，以及是否有机会分享自己的专长。这可以培养他们对自己能力的自信心，同时促使他们在未来更主动地参与团队活动。学生一同总结团队合作的亮点，如团队成员之间的积极沟通、有效协作、互相支持等。这可以建立积极的团队氛围，并让学生意识到通过团队协作可以取得更好的成果。同时，学生也反思团队合作过程中遇到的挑战，如沟通不畅、分工不均等。这使得他们能够识别并解决潜在的合作问题，提高团队的整体效率。在项目中，一些学生展现了领导潜质。他们思考自己是否在某些方面扮演了领导角色，以及这种领导力是如何发挥作用的。这可以培养学生的领导能力，让他们在未来更好地引导团队。学生对整个项目的评价也是反思的一部分。他们思考项目的目标是否达到，是否有改进的空间，以及自己从中学到了什么。这可以促进学生对实际项目学习的深刻理解。这一反思过程，学生不仅能够更全面地认识到自己在团队中的角色和贡献，还能够培养团队合作、领导和反思的能力。这种实际项目学习方式不仅提升了学生的数学技能，也为他们提供了更为全面的综合素养培养机会。通过这个案例，学生在实际项目中深入学习了统计与概率的知识，同时培养了团队合作、数据分析和图表制作的技能。这种实际应用的学习方式既激发了学生对数学的兴趣，又培养了他们解决实际问题的能力。

第四节　综合与实践领域中的培根案例

在小学综合与实践领域，培养学生的综合素质是教育的关键目标之一。为了实现这一目标，学校积极探索各种教学方法与实践活动。本节将深入探讨一个富有创新性的培根案例，通过该案例，学生在综合与实践的学科中不仅提升了知识水平，还培养了实际应用能力,为未来的学习与生活奠定了坚实的基础。这个案例在小学教育领域中取得了显著的成果,也为其他学校提供了有益的经验与启示。

案例一:"探索自然的奥秘"

在某小学的综合与实践领域,学校开展了一项名为"探索自然的奥秘"的培根案例。该案例旨在通过跨学科的方式,引导学生深入了解自然科学,并通过实践活动培养他们的观察能力、团队协作能力以及解决问题的能力。

一、项目概述

该培根案例的主题以自然为基础,分为多个阶段。首先,学生进行了有关生态系统和生物多样性的基础知识学习,理解生态平衡的重要性。其次,他们分组展开了一系列实地考察,观察本地生态环境的变化和特点。

二、实践活动

(一)生态考察

学生分组前往学校周围的公园、湖泊和校园内的花园,记录植物、昆虫和小动物的种类和数量。通过这一步骤,他们学到了如何使用工具进行观察、测量和记录。学生在实地考察中首先学到如何正确观察植物、昆虫和小动物。教师在实地指导中鼓励他们用肉眼仔细观察,识别不同的植物,辨认昆虫的种类,并留意校园中小动物的活动。在这个过程中,学生学会使用简单的观察工具,如放大镜和生物学手册。教师也会示范如何正确使用这些工具,帮助学生更清晰地看到植物的细节结构,观察昆虫的特征,以及关注时常忽略的小动物。为了深化学生对生态系统的了解,他们需要测量和记录所观察到的植物、昆虫和小动物的数量。教师引导学生使用简单的测量工具,如尺子和计数器,帮助他们准确记录所观察到的生物数量。这一步骤旨在培养学生的数学技能,同时加深对生物多样性的理解。分组进行实地考察也促进了学生之间的合作和团队协作。每个小组负责不同的区域,收集和记录观察数据。在小组内,学生分享自己的观察发现,共同解决遇到的问题,培养团队精神和协作能力。这一实地考察环节，学生不仅丰富了对自然的认知，还学到了如何运用观察工具、测量和记录数据，为后续的生物多样性项目打下了坚实的基础。这种基于实践的学习方式使学生更深入地参与到自然科学的学习中，激发了他们对科学探究的兴趣。

（二）生物多样性项目

每个小组选择一个关于生物多样性的主题，如某一类昆虫、植物或鸟类。学生通过图表、图片和模型等方式，展示他们对所选主题的研究成果。这不仅促进了学生的调研和表达能力，还激发了他们对科学的兴趣。每个小组在开始项目之前，首先要确定研究的生物多样性主题。教师可以提供一些常见的选择，也可以鼓励学生根据个人兴趣提出新颖的主题。例如，一组选择研究蝴蝶的多样性，另一组对校园中的各种植物进行研究。学生将他们的研究成果以图表、图片和模型的形式展示。对于昆虫的研究，他们可以制作显示不同种类蝴蝶翅膀花纹的图表，以及通过图片展示蝴蝶的生命周期。对于植物的研究，他们可以制作植物的生长图表，展示不同季节的变化，并通过模型呈现植物的结构。这种形式的展示不仅可以帮助学生整理研究成果，还可以培养他们的美术表达能力。通过这个项目，学生不仅仅需要收集和呈现事实，还需要深入了解所选主题的生态学、习性、适应性等方面的知识。他们将这些知识整理成简单而富有说服力的表达，培养了调研和表达能力。同时，学生需要在小组内相互协作，共同制作图表、图片和模型，促进团队协作与沟通技能的培养。通过深入研究一个生物多样性主题，学生感受到科学的魅力，激发了对科学的兴趣。他们不是被动地学习知识，而是通过自己的发现和探究，建立了对自然科学的独特认知，培养了探究问题的好奇心和求知欲。这个生物多样性项目在学生中取得了显著的成功，不仅提升了他们的科学素养，也为他们未来的学习打下了坚实的基础。

（三）实验与展示

学生在学校设立了一个小型的实验室，进行简单的生态实验，如观察植物的生长过程、昆虫的行为等。最终，他们通过展示和讲解的方式，向全校展示他们的实验成果。在实验开始之前，教师指导学生选择适合在小型实验室中进行的生态实验。

例如，他们可以选择观察植物的生长过程，了解光照、水分和土壤对植物生长的影响，或者观察昆虫在不同环境条件下的行为变化。学生在教师的指导下，准备实验所需的材料和工具。学生在小型实验室中有机会亲手进行实验。他们设立不同的实验组，改变光照、水分或者温度等条件，观察植物的生长情况或昆虫的反应。实验的设计要简单而有趣，以确保学生能够清晰地观察到变化，并理解生态系统中的相互关系。学生不仅进行实验，还学会如何收集和记录实验数据。他们使用简单的工具，如尺子、计时器，记录植物生长的高度或昆虫的活动次数。这一步骤培养了学生的观察力和实际操作技能，同时加深了他们对生态学概念的理解。实验结束后，学生准备以图表、图片和简单模型的形式展示他们的实验成果。他们通过展示和讲解的方式，向全校师生分享实验的过程、结果和发现。这一步骤不仅提高了学生的口头表达能力，还加深了他们对实验结果的理解。整个实验过程不仅为学生提供了实践经验，还培养了他们的科学思维和实验设计能力。学校安排专门的展示时间，让学生能够向其他年级的同学、教师和家长展示他们的成果。通过这次展示，学生得到了积极的反馈，同时也为他们未来更深入的科学学习奠定了基础。这个小型生态实验室的活动不仅让学生在实践中感受到了科学的乐趣，还通过展示与讲解的方式，分享了他们的探索与发现，为学生营造了积极、实践性的科学学习氛围。

三、学科整合

该案例不仅涵盖了自然科学领域，还整合了数学、语言、艺术等多门学科。例如，在实地考察中，学生需要运用数学测量工具，进行数据的收集和分析；在生物多样性项目中，语言表达和团队协作变得尤为重要。在实地考察中，学生需要使用数学测量工具进行数据的收集和分析。例如，他们使用尺子测量植物的生长高度，计算不同区域昆虫的数量。这不仅提升了他们的数学技能，还将数学知识应用于实际情境中，培养了学生的数学思维和实际问题解决能力。在生物多样性项目中，语言表达成为一项重要的技能。学生不仅要深入了解所选主题，还要通过图表、图片和模型等方式清晰地传达他们的研究成果。此外，在小组内分享观察发现、讨论实验过程，培养学生的口头表达能力，提升了他们的团队协作与沟通技能。通过制作图表、图片和模型，学生在生物多样性项目中也融入了艺术元素。他们可以发挥创造力，用颜色和形状呈现植物的生长过程，或者通过手工模型展示昆虫的特征。这不仅使学科之间的学习更为有趣，也培养了学生的审美观和艺术创作能力。整个案例过程中，学生需要不断与小组成员合作，共同完成实地考察、生物多样性项目和实验室的实验。这促进了团队协作能力的培养，让学生在集体中发挥自己的长处，同时学会倾听和尊重他人的意见。这样的综合性学习可以培养学生的综合素养，使他们更好地适应未来的多学科学习环境。这种综合性的学科整合，使学生不仅在自然科学领域取得了丰富的经验，还培养了数学、语言和艺术等多方面的能力。这种全面的学科整合模式为学生提供了更为丰富、有趣的学习体验，使他们在学科交叉中得到全面发展。

四、成果与反馈

通过这个培根案例，学生不仅在知识上取得了丰硕的成果，而且培养了团队协作、观察和解决问题的实际能力。学校及家长对此给予了积极的反馈，认为这种跨学科的教学方法可以培养学生的创新思维和综合素养。这个案例成为学校综合与实践领域的一项成功尝试，也为其他学校提供了宝贵的经验。

通过实地考察、研究生物多样性项目和设立小型生态实验室等环节，学生在自然科学领域取得了丰富的知识。他们深入了解了生态系统、生物多样性以及科学实验的基本原理。这为他们的未来学习打下了坚实的基础，同时也激发了对自然科学的浓厚兴趣。分组进行实地考察和研究生物多样性项目培养了学生的团队协作能力。通过与小组成员的密切合作，学生分享观察、整理数据，共同解决问题。这不仅提升了他们的集体合作意识，还培养了沟通和领导技能，使他们学会在协作中充分发挥个人优势。实地考察、研究生物多样性项目和设立小型生态实验室的实践活动锻炼了学生观察和解决问题的实际能力。他们学会了用放大镜观察微小的生物，用简单的工具测量和记录数据，以及在实验中发现并解决问题。这种实际操作的经验使学生更加熟练地应用理论知识，培养他们的实际动手能力和创造性思维。教师及家长们对这一综合与实践领域的教学方法给予了积极的反馈。他们认为学生在这个案例中不仅学到了知识，更培养了全面的素养，包括团队协作、观察和解决问题的实际能力。这种综合的学科整合不仅令学生乐在其中，也使他们的学习更加有深度和意义。这个案例成为学校综合与实践领域的一项成功尝试，为其他学校提供了宝贵的经验。学校领导和教师认识到，跨学科的教学方法能够更好地激发学生的学习兴趣，培养学生的多方面能力。这样的成功案例也在一定程度上引导了学校教学方法的创新和改进。

通过这个跨学科的培根案例，学生不仅在学科知识上取得了显著的成果，更在全面素养的培养上迈出了重要一步。这种融合实践与理论的教学方法为小学教育提供了新的思路，为培养具备创新思维和多元技能的未来人才奠定了基础。

案例二："文化艺术之旅"

一、项目概述

在小学综合与实践领域，学校推出了一个名为"文化艺术之旅"的培根案例。该案例旨在通过跨学科的方式，引导学生深入了解和体验文化艺术，培养他们的审美观、创造力以及团队协作技能。

二、实践活动

（一）文化艺术考察

学生参观当地博物馆、艺术画廊，了解历史文化、艺术品和传统手工艺品。他们观察并记录所见所闻。学生首先参观了当地博物馆，这里展示了丰富的历史文化遗产。在博物馆中，学生可以看到古代文物、历史文献、传统服饰等。教师指导学生聚焦感兴趣的展品，鼓励他们提出问题，以促进主动学习。接下来，学生参观了艺术画廊，欣赏了来自本地或国际艺术家的作品。他们有机会接触到不同艺术风格，了解绘画、雕塑等多种艺术形式。学生被鼓励发表他们对艺术品的感受和看法，培养审美观。在整个文化艺术之旅中，学生负责观察和记录所见所闻。他们使用素描本、相机或简单的录音设备，记录博物馆中展品的特征、艺术画廊的氛围以及他们个人的感受。这一步骤旨在培养学生的观察力和表达能力，记录下他们在这次文化艺术之旅中的思考。观察与记录活动涉及了语言、艺术和社会学等多个学科的内容。学生不仅仅是在了解历史和艺术，同时通过记录活动拓展了语言表达方式，培养了文字描述、绘画或摄影等多种艺术表达形式。这次文化艺术之旅的设计旨在通过亲身体验，让学生感受到历史文化和艺术魅力，激发他们对这些领域的兴趣。观察与记录的活动不仅是对当下经历的反思，也为未来的学习提供素材和思路。

学生在参观博物馆和艺术画廊的过程中不仅学到了关于历史文化和艺术的知识，还培养了观察和记录的实际能力。这种以亲身体验为基础的文化艺术教育模式可以打破课堂界限，让学生在真实的文化艺术环境中学习，促进了跨学科知识的整合。

（二）小组文化项目

学生分组选择文化主题，如传统手工艺、古代文学或当代艺术，进行深入研究。他们制作展板、图表，呈现有关文化主题的信息。

每个小组在教师的指导下选择一个感兴趣的文化主题。这个过程旨在激发学生对不同文化领域的好奇心，并为他们提供研究的方向。学生开始深入研究选择的文化主题。他们可以查阅图书、使用互联网资源，并进行访谈（如果适用）。这一步骤旨在培养学生的信息获取和处理能力。学生利用所获得的信息，制作展板和图表，呈现有关文化主题的相关信息。展板可以包括文字、图片、手工制品等，生动地展示文化主题的特点和魅力。图表可以是数据统计、时间轴等，以更系统化的方式呈现研究成果。整个项目强调团队协作。学生需要相互配合，分享研究进展，协助解决问题。这不仅培养了他们的团队合作能力，还促进了相互学习和分享的文化氛围。完成展板和图表后，每个小组有机会在学校内进行展示与分享。这可以是一个小型展览，让学生向其他同学和教师展示他们所研究的文化主题，分享他们的发现和见解。在展示结束后，学生进行反馈与讨论。其他同学和教师可以提出问题，学生则有机会深入阐述他们对文化主题的理解。这一环节促进了学生对自己研究成果的思考和总结。

通过这个项目，学生不仅对文化主题有了更深入的了解，还培养了研究和团队协作的实际能力。这种以学生为中心的学习方式不仅能够激发他们的学习兴趣，还为他们提供了更广泛的知识视野和多元的学习经验。

（三）艺术创作

学生参与了艺术创作工作坊，学习不同的艺术技巧，如绘画、雕塑或手工艺制作。学生有机会用个人或团队作品表达他们对文化的理解和感悟，同时培养了艺术创作的技能和审美情感。在工作坊开始时，学生可以选择他们感兴趣的艺术技巧，如绘画、雕塑或手工艺制作。这一步骤旨在激发学生的创造力，让他们通过自己的方式表达对文化的理解。在工作坊中，专业的艺术教师或艺术家将向学生介绍选定的艺术技巧。他们可以学习使用不同的绘画工具、雕塑材料或手工艺品制作方法。教师将向学生传授相关的艺术理论和技能，帮助他们更好地表达自己的想法。学生有机会选择个人创作或团队合作，根据他们对文化的理解和感悟制作艺术作品。这可以是一幅画、一个雕塑作品，或是手工制作的艺术品。通过创作，学生将理论知识融入实际，表达出对文化主题的个人态度和情感。学生在创作中不仅仅是在运用艺术技巧，更是在通过作品表达他们对文化的理解和感悟。可能是通过颜色、形状、材料的选择，抑或作品所表达的主题和情感，都能反映出学生对文化主题的深刻认识。完成艺术创作后，学生有机会在校内进行展示和分享。这一过程不仅能让他们展示自己的艺术作品，还能够听取来自其他同学和教师的反馈，从中获取更多的启发和建议。其他同学与教师一同评价他们的艺术作品，分享创作的心得体会。

这一步骤可以培养学生对自己作品的批判性思维和反思能力，提高他们在艺术创作中的自我认知。通过这个艺术创作工作坊，学生不仅能够学到不同的艺术技巧，更能够用艺术的方式表达自己对文化的独特理解和深深感悟。这种活动不仅促进了学生的审美情感和创造性思维，还为他们提供了一个独特的文化体验和表达平台。

三、学科整合

在文化艺术考察中，学生通过观察和记录培养了综合素养，同时也运用了语言表达能力。小组文化项目涉及调查研究、图表制作等，综合运用了数学和语言学科。艺术创作则将美术和手工艺等艺术学科纳入整体。在文化艺术考察中，学生学会运用观察和记录的技能。通过仔细观察展品、文化场景，培养他们观察、注意和详细记录的能力。这不仅可以对文化细节进行深入理解，同时也为后续的项目提供了重要素材。学生通过口头和书面表达，分享他们对所观察到的文化艺术的认知。在小组中，他们学会了如何用清晰的语言描述展品特色、传达观感，培养了表达自己思想的能力。这同时也是促进团队合作和集体讨论的机会。小组文化项目涉及调查研究、图表制作等活动。学生需要合作进行文化主题的深入研究，了解其历史、特点等方面。在这个过程中，他们需要运用数学的调查和统计方法，制作图表呈现研究成果，同时运用语言表达能力撰写研究报告。在小组文化项目中，数学和语言学科得以有机结合。学生使用数学工具进行调查研究，如收集数据、制作图表展示文化主题的相关信息。同时，他们需要运用语言表达能力，将研究成果转化为清晰的文字表达。这种跨学科的综合运用，促使学生将所学知识进行有机整合，提高学科综合素养。在艺术创作环节，学生将美术和手工艺等艺术学科纳入整体。通过自己的创作，他们有机会用艺术的方式表达对文化的理解和感悟。这不仅培养了艺术创作技能，还让学生通过视觉艺术表达文化情感，进一步加深了对文化的体验。整个过程涵盖了观察与记录、调查研究、数学应用、语言表达以及艺术创作等多个学科。学生在实践中体验到不同学科之间的融合，这可以培养他们跨学科的整合能力，促使知识在实际应用中更全面地展开。

这个综合性的文化艺术之旅，学生不仅能够在观察和记录中培养综合素养，还能够通过小组文化项目和艺术创作中综合运用数学、语言和艺术学科，使学科知识更具实际应用价值。这种有机的学科整合可以形成更为丰富和综合的学习体验。

四、成果与反馈

通过"文化艺术之旅"案例，学生不仅拓展了对文化艺术的认知，还培养了审美观和创造力。学校和家长们对这一案例反响热烈，认为通过文化艺术的综合学习，不仅让学生在学科知识上有所收获，更激发了他们的艺术创造力和团队协作能力。这个案例也成为学校综合与实践领域的一项成功尝试，为其他学校提供了有益的经验。通过"文化艺术之旅"，学生有机会深入了解各种文化艺术形式，包括博物馆、画廊和艺术创作。这种实地体验让学生直观感受到了文化的多样性，促使他们对不同艺术形式和历史文化产生浓厚兴趣，从而拓展了他们的认知边界。观察和参与文化艺术活动，学生逐渐培养了自己的审美观。他们学会欣赏不同风格的艺术品，理解文化的独特之处。这种培养过程可以提升学生的艺术鉴赏水平，让他们对美感有更深层次的理解。艺术创作工作坊为学生提供了发挥创造力的平台。通过学习不同的艺术技巧，他们在个人或团队作品中表达了对文化的独特理解和感悟。这种创作过程不仅培养了学生的艺术创造力，同时也锻炼了他们解决问题的能力。在小组文化项目和艺术创作中，学生需要紧密合作，分享想法，共同完成任务。这培养了他们的团队协作能力，让他们学会在集体中发挥个人长处，促进了学生之间的友谊和默契。学校和家长对这一案例的积极反响表明了其在学生综合发展中的重要性。他们看到学生在文化艺术之旅中获得的知识不仅仅是停留在理论层面，更是通过实际经验融入了他们的生活。"文化艺术之旅"案例成为学校综合与实践领域的一项成功尝试，为其他学校提供了有益的经验。该案例展示了如何通过跨学科、实地体验和艺术创作等多元活动，培养学生的综合素养，激发他们对学科的兴趣。

通过这个案例，学生不仅在知识上得到了充实，而且在审美观、创造力和团队协作等方面也获得了实际的提升。这种综合学习方式在小学阶段为学生提供了更为全面的发展机会，为他们未来的学习和生活奠定了坚实的基础。

第六章 培根数学的评价

培根数学是一种创新性的数学学科教学方法,特别适用于小学阶段的学生。这一方法不仅注重传授数学知识,更强调实际应用和跨学科整合,为学生提供了更具深度和综合性的学习体验。在小学教育中,培根数学的实施展现出许多积极的特点,为学生的数学学习打下了坚实的基础。

第一节 评估培根数学的工具

培根数学是一种旨在帮助学生发展数学技能的教学方法。通过培根数学,学生能够以更轻松、有趣的方式掌握基础数学概念,建立坚实的数学基础。这一教学工具注重培养学生对数学的兴趣,通过寓教于乐的方式激发他们的求知欲望。在小学阶段,培根数学通过独特的教学方法和资源,为学生提供了一个富有启发性的学习环境,使他们更容易理解和应用数学知识。接下来,我们将深入探讨培根数学的一些关键特点以及它对小学数学教育的积极影响。

一、教学方法

(一)互动性

评估培根数学的工具是否注重互动性。这包括教师与学生之间的互动,以及学生之间的协作。互动性可以激发学生对数学的兴趣,促使他们更积极地参与学习过程。评估教师是否能够与每个学生建立个性化的互动。通过了解每个学生的学习风格和需求,教师可以调整教学策略,提供更有针对性的指导,帮助学生更好地理解数学概念。考察教师是否采用启发性的提问方式,鼓励学生思考、表达自己的观点,并参与课堂讨论。这种互动方式可以培养学生的批判性思维和问题解决能力。了解是否有小组活动和合作项目,通过这些活动促进学生之间的协作。小组活动可以帮助学生相互学习,分享不同的解题方法,并增强团队的合作能力。评估学生之间是否有平等的学习机会,鼓励强者帮助弱者。这可以创造一种支持性的学习环境,让每个学生都感到被理解和支持。了解是否有即时的反馈机制,使教师能够迅速了解学生的理解程度并做出调整。这种及时的反馈可以调整教学方法,确保每个学生都能够跟上数学学习的步伐。可以确定培根数学工具是否成功地建立了教师与学生之间以及学生之间的积极互动性。这样的互动性不仅可以提高学生对数学学科的兴趣,还能够促使他们更加积极主动地学习,从而取得更好的学习效果。

(二)实践性

在小学阶段考察培根数学是否通过实际例子和问题解决情境来教授数学概念是至关重要的。实践性的教学方法能够将抽象的数学理论转化为学生能够理解和应用的实际情境,从而提高学生的学习兴趣和深度理解。考察培根数学是否使用真实生活中的例子,将数学概念嵌入学生熟悉的情境。例如,通过购物、游戏或其他日常活动案例,让学生能够直观地理解和应用数学概念。了解是否有通过场景模拟来教授数学。这可以包括模拟实际问题,让学生在模拟中运用数学知识解决问题,从而增加学习的实践性和应用性。评估是否有提供开放性的问题,鼓励学生运用所学的数学知识解决实际问题。这可以培养学生的问题解决能力和创造性思维,使他们能够更灵活地运用所学的概念。考察培根数学是否采用探究性学习方法,让学生通过实际问题探索数学概念。这种学习方式可以激发学生的好奇心,让他们在实际问题中发现和理解数学规律。了解是否有项目式学习,通过综合性的项目让学生运用多个数学概念来解决一个实际问题。这种方法可以提高学生的整合能力,让他们能够将不同的数学概念有机地结合起来解决复杂问题。考察是否将数学与其他学科整合,通过实际情境中的跨学科学习提供更全面的教育体验。可以判断培根数学工具是否成功地通过实际的例子和问题解决情境来教授数学概念。这种实践性的教学方法可以使学生更好地理解和应用所学的数学知识,培养他们的数学思维和实际解决问题的能力。

二、学习资源

（一）多媒体资源

评估是否有丰富的多媒体资源，如图表、动画和互动模拟等，以帮助学生更好地理解数学概念。这些资源能够提供直观的视觉表达，增强学生对数学的感知。评估培根数学工具是否使用图表和图像，将抽象的数学概念可视化呈现。这样的资源可以帮助学生更直观地理解数学关系，如在学习数学运算、几何形状或数据分析时提供可视化支持。考察图表和图像是否用于解释数学问题和解决方法。通过示例解释，学生能够更容易理解和记忆抽象的数学概念，提高他们的学习效果。了解是否有动画和视频资源，用于演示数学概念的解题过程。通过动态的演示，学生能够看到问题是如何解决的，帮助他们理解问题的步骤和逻辑。考察动画和视频是否应用到实际生活中，通过模拟情境来展示数学的实际应用。这样的资源可以建立数学与现实生活的联系，增加学生对数学实用性的认识。评估培根数学工具是否提供互动模拟和游戏，以促使学生积极的参与学习过程。这种互动性能够使学生在实际操作中理解和应用数学概念，增加他们对数学的兴趣。了解互动模拟和游戏是否支持个性化学习，根据学生的水平和进度提供相应难度的挑战。个性化学习可以满足不同学生的需求，确保他们在学习数学时取得更好的效果。可以确定培根数学工具是否充分利用了多媒体资源，提供了丰富的图表、动画和互动模拟等工具，以帮助学生更好地理解数学概念。这样的资源不仅能够提高学生的学习效果，还能够增强他们对数学的感知和兴趣。

（二）实用工具

考察是否有适用于学生的实用数学工具，如计算器、尺子、几何工具等。这些工具能够在教学中提供实际支持，帮助学生更好地掌握数学技能。评估培根数学工具是否引导学生正确使用计算器进行基础的数学运算练习。适当的使用计算器可以加速计算过程，让学生更专注于理解数学概念而非烦琐的计算步骤。考察计算器是否被用于解决实际问题，培养学生在解决问题时运用技术工具的能力。这样的实践可以提高学生对计算器的灵活应用能力。了解培根数学工具是否提供尺子和其他度量工具，用于教授测量技能。通过实际测量，学生能够理解长度、面积等概念，培养准确测量的能力。考察这些工具是否与几何学习相关联，如使用尺子绘制图形、测量图形的边长等。将抽象的几何概念与实际工具联系起来，加深学生对几何学的理解。评估培根数学工具是否引导学生使用几何工具绘制图形。这可以培养学生的几何技能，让他们能够在平面上正确、精确地绘制各种图形。考察几何工具是否包括角度测量器，以帮助学生学习角度的概念。这对于理解几何关系和解决几何问题非常重要。了解是否有时钟和其他时间工具，以支持学生学习时间的概念。实际的时钟和时间测量工具能够让学生更好地理解和应用与时间相关的数学知识。考察是否有简单的统计工具，如折线图、柱状图等，以帮助学生收集、整理和分析数据，培养他们的统计学习能力。可以确定培根数学工具是否提供了丰富而适用的实用数学工具，以支持学生更好地掌握数学技能。这些工具不仅能够增加学习的实际性，还能够使数学学习更生动有趣。

三、学生表现评估

（一）形成性评估

了解是否有形成性评估的机制，通过定期的小测验、作业和课堂参与等方式检查学生对数学概念的理解程度。形成性评估可以及时调整教学策略，以满足学生的学习需求。评估是否有定期的小测验，覆盖学生在一定时间内所学的数学内容。这可以检查学生对基础概念的理解程度，及时发现并缩小他们的学习差距。考察小测验是否涵盖不同的数学知识点，以全面了解学生在各个领域的学习状况。了解作业是否旨在帮助学生巩固所学的数学知识，并能够将这些知识应用到实际问题中。通过实际的问题解决，学生能够更深入地理解和掌握数学概念。考察作业是否包含反馈机制，使学生能够了解自己的错误并从中学习。有效的反馈可以指导学生改正错误，提高他们的学习效果。了解是否鼓励学生在课堂上主动参与，通过回答问题、解决问题等方式展示他们的理解程度。主动参与可以帮助教师实时了解学生对数学概念的理解水平。考察是否有小组讨论或合作项目，通过学生之间的互动促进彼此的学习。这种互动可以帮助学生从不同的角度理解数学概念。了解是否有个性化教学的机制，通过形成性评估的结果调整教学策略，满足不同学生的学习需求。这可以确保每个学生都能够按照自己的步调学习数学。评估形成性评估结果是否用于指导整体教学改进，以提高整个学生群体的学习效果。这种循环反馈机制对教学质量的提升至关重要。可以确定培根数学工具是否包含形成性评估机制，以及这些机制是否有效地帮助教师调整教学策略，满足学生的学习需求。这样的机制可以提高教学的灵活性和针对性，使学生更好地理解和掌握数学概念。

（二）综合性评估

考察是否进行综合性的评估，以评估学生在一定时间内的整体数学表现。这种评估可以帮助教师了解学生的长期学习进展，为个性化教学提供支持。评估综合性评估是否覆盖各个数学领域，包括基础的算术运算、几何、代数等。这样可以确保教师能够了解学生在不同数学概念上的整体掌握情况。了解是否在学期末或学年结束时进行整体性的评估，以评估学生在较长时间内的学习进度。这样的评估可以确定学生是否在整个学年中持续进步，并为下一学年的教学提供指导。

评估是否通过综合性评估来识别学生在数学方面的强项和弱项。了解学生的学科特长和需改进之处可以帮助教师提供更个性化的支持，满足他们的学习需求。了解是否基于综合性评估的结果，制订个性化的学习计划。这样的计划可以帮助每个学生在自己的水平上发展，并挖掘他们的潜力。评估是否将综合性评估的结果与家长分享，并建立积极的家校合作。通过与家长共享学生的整体表现，教师和家长们能够共同制定支持学生学习的策略。了解是否在学年结束时对学生的整体数学发展进行总结，以便为未来的教学计划提供反馈。建立一个连续的追踪机制，使教师能够持续关注学生的学习进展。可以确定培根数学工具是否实施了综合性的评估机制，以全面了解学生在数学学科中的整体表现。这种评估可以提供更深入的洞察，为教学提供更有针对性的支持，确保每个学生都能够在数学学习中取得最佳效果。

通过这些方面的评估，可以更全面地了解培根数学工具在小学数学教育中的有效性和适用性，以便不断优化教学方法和资源，提高学生的数学素养。

第二节 培根数学评估结果的应用与分析

在小学数学教育中，培根数学评估结果的应用与分析扮演着重要的角色，为教师提供了宝贵的信息，使他们能够更好地理解学生的学习表现和学习需求。这种分析不仅关注学生的整体数学水平，还关注他们在各个数学领域的强项和弱项。通过深入挖掘评估数据，教师能够制定个性化的教学策略，确保每个学生都能够充分发展数学技能，并建立坚实的数学基础。在这个过程中，培根数学的评估工具不仅仅是一个测量学生能力的工具，更是一个为持续改进教学提供支持的关键工具。

一、强项和弱项的识别

（一）应用

教师通过培根数学的评估结果能够准确识别学生在不同数学领域的强项和弱项，包括基础运算、几何、代数等。评估结果可以帮助教师识别哪些学生在基础运算方面表现强项，如能够熟练进行加减乘除等基本运算。针对基础运算的强项学生，教师可以提供更高级的挑战性问题，以进一步拓展他们的数学能力。评估结果能够揭示哪些学生在几何概念方面存在弱项，如对形状、空间关系的理解较为薄弱。针对几何方面的弱项，教师可以通过提供具体的示例、实物模型或利用可视化工具来帮助学生更好地理解几何概念。通过评估结果，教师能够发现哪些学生在代数概念上表现出色，如理解变量、简单方程和代数运算。针对代数强项学生，教师可以提供更复杂的代数问题，激发他们的兴趣并促使更深入地学习。评估结果可以揭示哪些学生在统计与数据分析方面存在弱项，如对图表的理解或数据的解读。针对统计弱项，教师可以采用实际案例、实际数据，并引导学生进行实际的统计分析，以加深他们的理解。通过评估结果，教师能够个性化地指导学生在时间与测量技能方面的学习，了解谁需要额外的时间与测量实践。针对时间与测量的弱项，教师可以利用实际场景，如日常生活中的测量和时间应用，帮助学生更好地掌握这些技能。

通过以上应用，教师能够充分利用培根数学的评估结果，制订有针对性的教学计划，提供个性化的支持，确保每个学生在不同数学领域都能够得到适当的挑战和支持。这种精准的识别强项和弱项的能力可以帮助教师更有效地满足学生的学习需求，促使他们在数学学科中获得更全面的发展。

（二）分析

分析学生在特定概念上的得分和表现，确定他们相对熟练和相对薄弱的领域。这为教师提供了指导，使其能够有针对性地介入和支持学生的学习。通过分析学生在加法、减法、乘法和除法等基础运算的得分，教师能够确定哪些学生在这些方面相对熟练，迅速而准确地完成计算。针对这些相对熟练的学生，教师可以提供更高级、具有挑战性的问题，以拓展他们的数学能力。通过观察学生在对形状、尺寸、角度等几何概念理解上的表现，教师可以识别哪些学生相对薄弱。针对这些相对薄弱的学生，教师可以提供更多的实际示例、可视化工具和实物模型，以帮助他们更好地理解几何概念。分析学生在代数概念中的得分，教师可以确定哪些学生对变量、方程和基本代数操作的理解相对熟练。针对这些理解相对熟练的学生，教师可以提供更复杂的代数问题，促使他们深入学习，探索更高层次的代数概念。通过分析学生在图表解读、数据收集和分析方面的得分，教师能够识别相对熟练和相对薄弱的学生。针对相对薄弱的学生，教师可以采用实际案例和实际数据，提供差异化的指导，加强他们在统计与数据分析方面的能力。

通过观察学生在时间单位的理解和测量技能上的表现，教师可以确定学生在这方面的相对熟练程度。针对相对熟练的学生，教师可以引导他们应用时间和测量技能解决实际场景中的问题，促进其更深入地学习。

通过以上分析，教师可以精确地了解每个学生在不同数学概念上的相对熟练和相对薄弱的领域。这使得教师能够有针对性地介入和支持学生的学习，为他们提供个性化的教学计划，确保每个学生都在适当难度和深度的内容上有所突破，同时又得到支持。这种分析过程可以建立有针对性的教学策略，提高教学效果，使学生在数学学科中获得更全面的发展。

二、个性化教学计划的制订

（一）应用

培根数学的评估结果被用于制订个性化的教学计划，根据学生的学科特长和需改进之处，提供定制的学习体验。对于那些在基础运算方面表现出色的学生，教师可以设计更具挑战性的数学问题，以满足他们的学科特长，提高他们的数学能力。具有学科特长的学生可以参与更高级、拓展性的数学活动，如数学竞赛或项目研究，从而激发他们对数学的兴趣。针对在几何概念方面相对薄弱的学生，教师可以提供更多的实际示例、可视化工具和个性化的辅导，以加强他们的几何理解。针对需改进的领域，学生可以参与特定的练习和活动，弥补概念理解上的不足。对于在代数概念上表现优秀的学生，教师可以设计更深入的学习活动，如解决实际问题、参与数学建模，以进一步发展他们的代数能力。学科特长的学生可以参与个性化的学习项目，如编写数学小册子、设计数学游戏等，以提高他们的创造力和独立思考能力。针对在统计与数据分析方面相对薄弱的学生，教师可以提供额外的支持，使用更具体的实际案例和数据，帮助他们更好地理解和应用统计概念。针对需改进的领域，学生可以参与个性化的辅导计划，以填补知识上的空白，加强对数学概念的理解。针对在时间与测量技能方面相对薄弱的学生，教师可以提供个性化的指导，使用实际场景和实物帮助他们更好地掌握这些技能。通过与实际场景结合，学生可以在真实情境中应用所学的时间与测量技能，加深理解。

通过以上应用，教师能够根据培根数学的评估结果，为每个学生制订个性化的教学计划，确保他们在学科特长方面得到深化和拓展，在需要改进的领域获得有针对性的支持。这种个性化的学习体验可以激发学生的学习兴趣，提高他们对数学的自信心，促使他们更全面地在这一学科中发展。

（二）分析

一些学生喜欢通过图像、图表等视觉手段来理解信息。教师可以通过观察学生在学习中的偏好，或者利用问卷调查等方式，收集学生对不同学习材料的喜好反馈。对于这些学生，教师可以更多地使用图表、图片等教学资源。另一些学生更喜欢通过听力理解知识。在课堂上，教师可以加强口头讲解，使用音频材料，并鼓励学生参与听力活动。这可以满足他们的学习需求。有些学生通过亲自动手参与学习来更好地理解概念。在这种情况下，教师可以布置一些实践性的任务，如小组项目、实验等，以促使这些学生更好地参与学习。有些学生可能有更快的学习节奏，他们需要更多的挑战和深入的学习。教师可以为他们提供更高难度的任务、扩展阅读或项目，以满足他们的学习需求。此外，而有些学生需要更多的时间来掌握特定概念。对于这些学生，教师可以采用循序渐进的教学方法，提供额外的辅导材料，并在课堂上注重复习和强化。通过收集学生的学习需求数据，教师可以制订个性化的学习计划。这包括为特定学生提供额外的支持、定制化的学习资源，或者调整教学方法以满足他们的需求。有些学生有特殊的学习需求，如学习障碍或者特殊天赋。教师需要通过数据分析来识别这些需求，并提供相应的支持和挑战，以确保每个学生都能够发挥潜力。

通过深入分析评估数据，教师能够更全面地了解每个学生的学习特点，有针对性地调整教学策略和课程内容，从而提高教学效果，促进学生的全面发展。这种个性化的教学方法可以激发学生的学习兴趣，增强他们对学科的理解和应用能力。

三、提供实时反馈和指导

（一）应用

培根数学评估结果用于提供实时反馈，使学生了解他们的学习表现，并及时调整学习策略。每个学生可以获得个体学习报告，其中包括他们在不同数学领域的得分、强项和薄弱点。这个报告是实时更新的，使学生可以随时查看他们的最新学习成绩。实时反馈能够明确强项，激励学生继续在这些方面努力。同时，对薄弱点的指导可以帮助学生及时发现和纠正错误。实时反馈不仅告诉学生哪些问题做对了或错了，还提供了详细的解释，帮助他们理解正确与错误的原因。针对错题，培根数学系统可以提供错误分析，并给出改进建议，引导学生有针对性地调整学习策略。学生可以根据实时的评估结果设定学习目标，明确下一步努力的方向。通过实时反馈，学生可以随时了解目标的达成情况，促使他们更有动力地追求学习进步。实时反馈可以根据学生的学科特长和需要改进之处，提供个性化的学习建议。对于强项，提供额外的辅导建议；对于薄弱点，建议深入学习。培根数学反馈系统可以生成定制的学习计划，确保每个学生都能按照自己的学习特点有条不紊地进行。学生可以根据实时反馈调整自己的学习策略，发展自主学习的能力，逐渐培养对学习过程的监控和调整意识。及时的反馈使学生能够更清晰地了解自己的学习进展，增强学习动力，因为他们知道努力付出会直接反映在学习结果上。

通过以上应用，培根数学的实时反馈不仅为学生提供了更精准的学习引导，也激发了他们对学习的主动性和积极性。学生能够更好地理解自己的学业状况，快速调整学习策略，确保在学习上持续进步。这种个性化、实时的反馈机制可以构建积极向上的学习环境，培养学生对学习的热情和主动性。

（二）分析

教师通过分析评估结果可以确定学生的学习进展，快速发现问题并提供及时的指导。这种实时反馈可以纠正错误，培养正确的学习习惯。评估结果提供了每个学生在不同数学领域的得分和表现情况。通过分析这些数据，教师可以准确地了解每位学生的学习进展。教师能够迅速辨别学生在哪些方面表现优秀，哪些方面可能存在困难，从而更有针对性地进行指导。评估结果能够提供学生在每道题目上的具体表现，包括正确答案和错误答案。通过实时错误分析，教师可以迅速发现学生可能存在的概念误解或计算错误。教师还可以观察学生的注意力分布和理解问题的方式，以便全面地了解他们的学习情况。培根数学的实时反馈机制可以帮助教师及时纠正学生的错误，并提供详细的解释。这可以帮助学生理解问题的本质，防止错误的再次发生。针对学生的薄弱点，教师可以提供个性化的学习建议，包括额外的练习、相关视频资源或特定概念的深入解释。通过分析学生的答题过程，教师可以为他们提供更有效的学习方法和解题策略，帮助他们养成正确的学习习惯。实时反馈可以帮助教师强调概念的理解，而非简单的记忆，培养学生深入思考和探究数学概念的能力。通过分析学生的学习进展，教师可以实施差异化教学策略，根据每个学生的需求调整课程内容和难度，确保教学更贴近学生的水平。针对学生的个体差异，教师可以提供个性化的辅导，使每个学生都能够在适合自己学习风格的环境中进步。

教师能够迅速洞察学生的学习状态，提供及时的个性化指导，促使学生纠正错误、培养正确的学习习惯，并在学科中取得更大的进步。这种实时反馈机制可以调整教学策略，确保学生在学习过程中得到更有效的支持和指导。

四、持续跟踪学生发展

（一）应用

培根数学评估结果用于持续跟踪学生在数学学科中的整体表现，确定他们的学习进展和改进之处。使用培根数学的评估工具，定期对学生进行数学水平的评估，以了解他们的学习进展。通过对比不同时间点的评估结果，教师能够追踪每个学生在数学学科中的发展变化，识别强项和薄弱点。根据评估结果，制订强项强化计划，进一步发挥学生在某些数学领域的擅长之处，提供更深入的学习支持。针对评估中显示的薄弱点，制订相应的提升计划，通过有针对性的教学和辅导帮助学生提高水平。评估结果可用于了解学生对数学学科的兴趣程度，从而根据他们的兴趣特点，设计更具吸引力的教学内容和活动。通过满足学生的兴趣需求，可以更好地激发他们学习数学的动力，促进学科发展。评估结果为制订个性化学习计划提供了依据，可以根据每个学生的实际情况调整教学计划，确保符合其学习需求。借助评估数据，教师能够实施差异化教学策略，满足不同学生的学科发展水平，提高整体教学效果。将评估结果与家长分享，定期进行家长会议，详细介绍学生在数学学科中的学习进展。与家长合作，共同制定学生在数学学科上的学习目标，并商讨如何共同支持学生的数学学习。利用培根数学的实时评估，教师能够在课堂上实时了解学生对数学概念的理解程度，及时调整教学策略。实时反馈也使教师能够根据学生的学习需求优化教学方法，确保教学更切合学生的学科水平和兴趣。

通过以上应用，培根数学的评估结果成了教学和学生发展的有力工具，能够帮助教师更好地了解学生的学习状况，制订个性化的教学计划，并与家长共同关注和支持学生在数学学科中的全面发展。这样的综合应用可以提高教学效果，促进学生在数学学科上的整体表现和学科上兴趣的提升。

（二）分析

教师通过定期分析评估结果，能够观察到学生的学习发展趋势，从而提前发现潜在的学习问题，以更好地制订长期的教学计划。通过对个体学生多次评估结果的比对，教师可以识别出学生在不同数学领域的强项和薄弱点，了解他们在特定概念上的掌握程度。观察学生在不同评估时期的学科发展趋势，帮助教师了解学生是否在数学学科上有持续的进步，或者是否存在学科发展上的困难。教师可以将个体学生的评估结果汇总，进行班级或年级整体水平的对比，发现可能存在的集体性问题或优势，指导教学策略的调整。通过分析整体水平，教师可以评估自己的教学效果，了解学生对数学学科的理解和应用整体上是否提升。观察学生的兴趣和数学学科的评估结果之间的关系，分析兴趣对学科表现的影响，为教学提供更个性化的指导。如果发现一些学生在兴趣方面的变化与学科表现存在关联，教师可以调整教学方法，使之更符合学生的学科兴趣。分析不同数学概念或难度级别对学生的评估结果，了解学生在面对不同难度的数学任务时的表现。根据分析结果，教师可以调整教学计划，适当提高或降低课程难度，确保学生能够在适当水平上挑战自己。考虑学生的家庭背景，分析其与数学学科表现的关系，教师能更全面地了解学生的学科学习环境。如果分析结果显示家庭因素对学科表现有影响，教师可以通过与家长沟通，提供更精准的学科支持建议。通过这些分析，教师能够更全面地了解学生的学习发展趋势，较早发现潜在的学习问题，为制订长期的教学计划提供有力的支持。这可以帮助个性化教学，提供更加精准的学科指导，促进学生在数学学科上的全面发展。

通过以上应用与分析，培根数学的评估结果不仅成为提供学生学业反馈的工具，更是指导教学、促进学生全面发展的有力支撑。这种综合性的评估方法可以确保每个学生都能够在数学学科中取得最佳的学习效果。

第七章 培根数学的未来趋势

随着小学数学教育步入数字时代，培根数学在未来呈现出引领性的趋势，以满足学生多样化的学习需求。个性化教学、技术整合以及更深层次的实践性学习将成为培根数学在小学阶段探索的关键方向。在这个激动人心的时刻，我们将见证小学数学教育的全面转变，为学生打下坚实的数学基础，激发他们对数学的持久兴趣。

第一节 基于核心素养培根数学的教学建议

随着小学数学教育的不断演进，基于核心素养的培根数学教学成为引领未来的前沿方法。这一方法强调不仅仅是数学知识的传授，更要注重学生综合素养的培养，使其能够在日常生活和学科学习中灵活应用数学概念。通过将核心素养融入教学，我们能够激发学生对数学的兴趣，培养他们成为具有创造性思维和解决问题能力的小学数学学习者。

一、注重实际应用和情境教学

教师可以设计与学生日常生活和实际情境相关的数学问题，以促使学生将抽象的数学概念应用到实际中。通过实际应用，培养学生发现问题、分析问题、解决问题的能力，加深他们对数学在生活中的认识。

提出关于购物的数学问题，如计算商品总价、找零、比较不同商品价格等。例如，如果学生购买多个商品，让他们计算总花费并找到支付的最佳组合。通过购物体验，学生能够运用基本的数学运算，培养算术技能，并了解实际生活中的货币运用。设计关于时间的数学问题，如学生每天花费在各类活动上的时间，或者计算不同活动所需的总时间。让他们制定合理的时间表，解决在有限时间内完成任务的问题。通过时间管理问题，学生能够学会用数学来规划日常活动，提高时间利用效率。提出涉及配方、食材比例和烹饪时间的数学问题。例如，要求学生调整菜谱中的配料比例，计算食材的成本，或者预测不同温度下的烹饪时间。通过与食物相关的数学问题，学生能够将数学知识应用于实际生活，培养他们对食物和烹饪的数学思维。提出旅行规划中的数学问题，如计算两地之间的距离、估算旅行时间、理解地图比例等。让学生规划一次虚拟旅行并进行相应的数学计算。通过旅行规划问题，学生能够锻炼空间感知能力，理解地理概念，并学会运用数学知识解决实际导航问题。提出关于收入和开支的数学问题，让学生计算家庭每月的总收入、开销、储蓄等。学生可以模拟家庭预算，制订合理的理财计划。通过收入与开支问题，学生能够理解财务概念，培养理财技能，提高对实际生活中经济活动的认识。设计这些与日常生活和实际情境相关的数学问题，教师可以激发学生对数学的兴趣，并让他们亲身体验数学在解决实际问题中的应用。这样的实际应用能够培养学生发现问题、分析和解决问题的能力，同时深化他们对数学在日常生活中实际应用的认识。

二、强调跨学科的整合

将数学与其他学科整合，创造多学科的学习环境，促进学生全面发展。例如，整合科学、艺术和社会学等领域，展示数学在不同学科中的作用。培养学生的综合素养，使其能够将数学知识运用到多样化的学科背景中。

教师可以设计与数学紧密相关的科学实验，如测量、数据收集和图表制作。学生通过实验，不仅学习了科学概念，还锻炼了数学技能。

引导学生分析实验数据、计算平均值、理解概率等数学概念，将数学知识应用到解决科学问题中。教师可以组织几何与绘画活动，让学生通过绘制图形、模式和设计艺术品来理解几何概念。例如，通过画对称图案来学习关于对称性的数学概念。学生通过学习音乐和节奏，能够理解拍子、节奏与分数的关系，将数学与音乐融为一体。学生可以通过社会学调查，收集数据并进行统计与分析。这使他们不仅能了解社会现象，还能运用数学手段解读社会数据。教师可以通过地理课程引入坐标系的概念，让学生通过经纬度理解地球上的位置关系，培养空间感知能力。教师可以设计真实场景模拟，让学生在解决问题的过程中综合运用数学、科学、艺术等多学科知识。例如，通过模拟建筑设计，学生需要考虑建筑的几何结构、科学原理以及艺术美感。引导学生探索与数学相关的职业，如科学家、艺术家、社会研究员等，让他们认识到数学在不同领域中的应用和重要性。设计跨学科的综合性项目，要求学生在项目中整合数学、科学、艺术和社会学等学科的知识。例如，通过制作科技手工制品，学生既需要运用数学计算，又需要了解科学原理和传达信息的艺术技巧。强调学生之间的团队合作，鼓励他们在项目中分享各自学科领域的专业知识，促进全面素养的发展。通过这种多学科整合的教学方法，学生将能够更深入地理解数学在实际生活中的应用，培养出更加全面的学科素养，为未来学科学习打下坚实的基础。这种综合性的教学不仅能够提高学生对数学的兴趣，还能够促进其在多个学科领域的全面发展。

三、培养批判性思维和问题解决能力

提供具有挑战性的问题，鼓励学生进行深度思考和批判性分析，激发他们的好奇心和求知欲。引导学生通过不同的途径来解决问题，培养他们的灵活性和创造性思维。

设计涉及多个步骤的问题，要求学生逐步思考和解决。例如，在解决一个问题时，引导学生先分析，然后制订解决方案，并最终验证答案的正确性。将不同数学概念融合在一个问题中，鼓励学生在不同概念之间建立联系，深化他们对数学知识的理解。设计与学生日常生活密切相关的问题，让问题在实际情境中有意义。例如，可以设计一个关于时间管理的问题，让学生规划一天的活动。引导学生研究真实世界中的现象，提出问题并进行深度思考。例如，可以让他们研究日照时间与季节变化之间的关系。引导学生通过不同的解决途径来解决问题。鼓励他们尝试多种方法，比较不同的策略，并找到最有效的解决方案。提出激发创造性思维的问题，让学生发挥想象力，提出新颖的解决方案。例如，设计一个让学生发明新的数字或符号的问题。设计问题时使用开放性的提问，鼓励学生深入思考。例如，提出一个引导性问题，让学生探讨数学概念的不同方面。提出问题时，考虑如何激发学生的好奇心，让他们对问题产生浓厚的兴趣，进而深入思考。利用真实情境，设计需要学生应用数学知识解决实际问题的场景。例如，通过模拟建筑设计的问题，学生需要在解决问题的过程中考虑多个数学概念。将问题与其他学科整合，使学生在解决问题的过程中能够运用不同学科的知识，提高解决问题的深度。设计这样的挑战性问题，教师可以激发学生对数学的兴趣，培养他们深度思考、批判性分析和创造性解决问题的能力。这种方法不仅可以提高学生的学科素养，还能够培养他们在面对复杂问题时的自信心。

四、个性化学习路径和任务设计

根据学生的兴趣、学习风格和水平制定个性化的学习路径，确保每个学生都能够在适应自己节奏的环境中学习。提供丰富的学习资源，使学生有更多选择，从而更好地满足他们的学科学习需求。

通过与学生进行交流、观察和调查，教师可以了解每个学生的兴趣爱好。根据他们的兴趣点，制订与之相关的数学学习计划，使学习变得更有趣和有意义。考虑学生的学习风格，包括视觉、听觉、动手实践等。有些学生喜欢视觉学习，可以通过图表和图形来理解概念，而有些学生更喜欢通过动手实践来学习。提供多样性的学习资源，包括图书、游戏、互动软件等，以满足不同学生的学科学习需求。例如，对于喜欢阅读的学生，提供相关数学主题的图书；对于喜欢互动学习的学生，可以使用教育软件。将数学概念嵌入实际情境，设计具体的问题，让学生通过实际问题的解决来理解抽象概念。这样的学习方式能够满足喜欢实践性学习的学生。提供自主学习的空间，鼓励学生在自己适应的节奏中探索数学。这可以通过设置学习角落、提供专门的学习材料等方式实现。在学习路径中引入不同难度的任务，以确保每个学生都能找到适合自己水平的挑战。这可以提高学生的自信心和学习动力。通过定期评估，了解每个学生在数学学科中的进展。这可以调整个性化学习计划，确保学生在适当的水平上进行学习。不仅提供评分，还给予具体的反馈，指导学生在学习上成长。通过详细的反馈，学生可以理解自己的优势和需要提高的方面。制定项目学习活动，让学生在项目中发挥自己的兴趣和特长。例如，可以设计一个让学生在实际场景中应用数学知识解决问题的项目。通过小组合作，让学生在团队中互相学习，分享彼此的优势。这可以培养团队协作和互助学习的氛围。教师可以更好地满足学生个性化的学科学习需求，确保每个学生在适应自己节奏的学习环境中得到充分的发展。这样的个性化教学可以提高学生的学习兴趣和动力，使他们更积极主动地参与数学学科的学习。

五、激发学生的学科兴趣和好奇心

创设富有趣味性的学习环境，使用有趣的数学游戏、实验和趣味性的教学工具，激发学生对数学的兴趣。引导学生提出问题，并鼓励他们主动探索和解决问题，培养对数学的好奇心。

创建富有挑战性和趣味性的数学游戏，如数学拼图、数学竞赛等。通过游戏，学生可以在轻松的氛围中学习和巩固数学概念，激发他们对数学的兴趣。组织数学趣味竞赛，让学生在竞技中感受数学的乐趣。设置有趣的数学谜题和挑战，让学生通过竞赛形式体验数学的趣味性。引导学生进行小规模的数学实验，让他们通过实际操作和观察来理解数学概念。例如，通过投掷骰子来学习概率的概念。提出与实际生活相关的问题，让学生通过调查和实地观察来解决问题。这样的学习方式能够激发学生主动探索的欲望。使用富有趣味性的互动教学软件，如数学游戏应用或互动模拟工具。这样的工具可以图形和动画的形式呈现数学概念，使学生更容易理解。利用具体的教学工具，如数学拼图、计算器、几何图形等，让学生通过触摸和操作来学习。这样的实物教具能够增加学科学习的趣味。培养学生主动提问的习惯，鼓励他们在学习过程中提出问题。教师可以设立问题墙，鼓励学生随时提出自己感兴趣的数学问题。设计数学项目，让学生通过实际问题的解决来学习数学。例如，设计一个关于建筑设计或游戏规则制定的项目，让学生动手解决实际问题。将数学与艺术结合，设计创意性的数学艺术活动，如数学绘画、折纸等。这样的活动可以增加趣味，同时培养学生对数学美感的认识。提供创意性的数学任务，让学生通过合作、设计和表达来体验数学的创造性。例如，设计一个数学游戏的规则或发明一种数学符号。教师可以创设一个充满趣味性的学习环境，激发学生对数学的兴趣，培养他们主动探索和解决问题的积极性，从而使数学学习更加生动有趣。

六、教学与技术的融合

利用现代技术资源，如数学学习应用程序、交互式模拟和数字化教材，增强学生对数学的学科理解和应用能力。通过技术融合，提供更具互动性和视觉化的学习体验，增加学生对数学概念的感知和理解。

数学学习应用程序可以根据学生的水平和需求提供个性化的学习内容，使每个学生都能在适合自己水平的环境中学习。应用程序能够提供即时的学习反馈，帮助理解错误的学生，并引导他们走向正确的学科理解方向。利用应用程序中的互动性元素和游戏化设计，激发学生的兴趣，使学习变得更有趣味。通过交互式模拟，可以将抽象的数学概念转化为具体的、可视化的形式。例如，使用模拟工具展示几何形状的变换，帮助学生更好地理解几何学概念。模拟可以提供实践应用的机会，让学生通过实际操作来理解数学的应用。例如，在模拟中解决实际生活问题，如购物、时间管理等。数字化教材能够融合图表、动画、视频等多媒体资源，为学生提供更为丰富的视觉表达，增强对数学概念的感知。教材中的互动元素可以让学生更积极地参与学习过程，如点击式题目、拖拽操作等，使学习体验更加互动。数字化教材可以随时更新内容，保持信息的新鲜和与时俱进。同时，根据学生的学习进展，动态调整教材的内容，确保学习路径的个性化。利用云端学习平台，学生可以随时随地访问学习资源，提高学习的灵活性和便捷性。使用云端平台促进学生之间的协作与分享。通过在线讨论和合作项目，增强学生的学科理解和团队合作能力。利用 VR 和 AR 技术，学生可以身临其境地探索数学概念，如在虚拟空间中观察三维几何形状，提供更为真实的学习体验。这些技术可以提供更高程度的互动性和沉浸感，使学生更深入地理解和应用数学概念。整合现代技术资源，教育者可以为学生创造更为丰富、互动和引人入胜的数学学习体验。这样的方法不仅能够提高学生对数学的学科理解和应用能力，还能够培养他们在科技时代所需的创新和解决问题的能力。

七、定期评估和反馈机制

建立定期的评估机制，不仅关注知识掌握，也注重学生的解决问题能力、沟通能力和团队合作能力。提供及时反馈，帮助学生认识到自己的优势和提升空间，促使他们更积极地参与学习过程。

定期评估包括对数学知识的考核，以确保学生在基本概念和技能方面的掌握。引入解决问题的任务和情境，评估学生在实际应用数学知识解决问题时的能力，包括分析问题、提出解决方案的能力。

通过口头和书面表达，评估学生是否能清晰、准确地传达数学思想和解决方案，强调数学思考的表达能力。引入团队项目或合作任务，评估学生在小组中的合作能力、沟通协调和共同解决问题的能力。定期的小测验可以检查学生对当时学习内容的理解，同时可用于检验解决问题和沟通的能力。设计数学项目要求学生在小组中合作完成，从而评估他们的团队合作和解决问题的能力。学生可以通过口头演示来展示他们的沟通能力和对数学概念的理解。收集学生的数学作品，包括解决问题的策略、团队项目的成果等，形成一个学科发展的作品集。不仅要提供成绩，还要提供详细的个性化反馈，指导学生在知识和技能方面的进步，并强调解决问题、沟通和团队合作方面的发展。突出学生在某些方面的优势，同时指出需要改进的地方，帮助学生形成全面的认知，并激发他们改进的动力。根据个体差异，为学生设定明确的学习目标，并在评估结果中反馈他们在实现这些目标上的表现。结合学生的反馈和目标设定，制订个体化的学习计划，突出解决问题、沟通和团队合作等方面的培养。在学期中定期跟踪学生的学业进展，调整个性化学习计划，确保学生在每个方面都有进步。定期与家长分享学生的表现，包括数学知识掌握、解决问题能力和团队合作情况。建立家校合作，促使家长更好地支持学生的全面发展。与家长共同制定学生的学科发展目标，并定期沟通进展，形成学校、家庭和学生三方共同努力的良好氛围。通过这样的定期评估机制，学生能够在学习数学知识的同时培养解决问题、沟通和团队合作等综合能力，从而更积极地参与学习过程并更全面地发展。

八、促进小组合作与互动学习

设计小组项目和任务，培养学生的团队合作精神，通过与同学互动共同解决问题，促进学科学习的多角度理解。引导学生在小组中分享思考和解决问题的方法，促进彼此之间的学科交流。

选择项目或任务时，应以实际问题或情境为驱动，让学生在解决问题的过程中深入理解数学概念。结合其他学科领域，使项目具有综合性，促进学科间的交叉学习，如与科学、艺术或社会学等领域整合。通过多样性的小组构建，鼓励学生与不同学科背景和学习风格的同学合作，促进思维的碰撞和观点的多样性。在小组中为每个学生分配特定的角色，如组长、记录员、发言人等，以促进小组内的协作和组织。引导学生在小组中分享他们思考和解决问题的方法，通过交流促进学科思维的碰撞，激发新的见解。设计开放性的问题，鼓励学生在小组中展开讨论，提出自己的观点，并接受他人的挑战，促使他们更深入地理解数学概念。将任务与学生的日常生活相联系，使他们能够看到数学在实际问题中的应用，增加学科学习的实用性。确保项目具有一定的难度，但又是可行的，使学生在解决问题的过程中获得成就感。鼓励小组在完成任务后向全班展示他们的成果，分享解决问题的过程和所得到的结论。设计同侪评价机制，让其他小组成员提出建议和反馈，促进小组间的学科交流和共同进步。教师在小组活动中起到引导和激励的作用，及时解答学生的疑问，促使他们顺利推进任务。

提供个性化的反馈，强调小组在团队合作、问题解决和学科思维等方面的优点和进步之处。设计这样的小组项目和任务，学生在团队合作中能够共同探讨数学问题，分享不同的解决思路，从而促进学科学习的多角度理解和更深层次的思考。这样的活动培养了学生的团队协作意识，提升了数学学科学习的深度和广度。

这些基于核心素养的培根数学教学建议，能够更好地培养学生综合素养，使其在数学学科中既能够掌握知识，又能够灵活、创新地解决实际问题。

第二节　未来数学教育中培根数学的展望

　　未来数学教育的发展呈现出更加注重培养学生实际问题解决能力和创造性思维的趋势。在小学阶段，数学教育的目标将逐渐从简单的计算技能转向更深层次的数学理解和应用能力培养。而培根数学，作为未来数学教育中的一项创新教学方法，将在小学课程中扮演重要角色，为学生奠定坚实的数学基础，并激发他们对数学的兴趣。在这个变革过程中，培根数学将以其强调问题解决、探究性学习和团队合作的特点，引领小学数学教育走向更加开放、互动和富有趣味性的新时代。

一、问题导向的学习

　　培根数学将强调问题导向的学习方法，鼓励学生通过解决真实世界中的问题来学习数学。这种教学方式能够培养学生的实际问题解决能力，使数学不再是抽象的概念，而是与实际生活紧密相连的工具。

　　问题导向的学习方法能够激发学生的学习兴趣。通过将数学概念嵌入有趣的、与生活紧密相关的问题中，学生更容易理解抽象的数学概念。例如，通过购物、游戏或者社区活动中的问题，学生能够看到数学在实际情境中的运用，从而提高学习的吸引力。培根数学注重培养学生的实际问题解决能力。通过面对真实世界中的问题，学生需要运用所学的数学知识来找到解决方案。这种实际问题解决的过程不仅培养了学生的逻辑思维能力，还使他们能够将抽象的数学概念转化为实际应用的技能。问题导向的学习方法能够加深学生对数学概念的理解。在解决问题的过程中，学生需要思考、分析、提出解决方案，并将其应用到实际情境中，从而深化对数学概念的理解。这种学习方式可以培养学生的批判性思维，使他们能够更好地理解数学的本质和逻辑。在小学阶段，问题导向的学习方法还可以培养学生的学科整合能力。通过将数学与其他学科的结合，如将数学与科学、社会学等学科相融合，学生能够更全面地理解知识，并认识到数学在各个领域中的应用。这种教学方式能够使学生更好地理解数学与实际生活的联系，将数学不再看作一种抽象的概念，而是一个在日常生活中实际发挥作用的工具。这种实用性的认识可以激发学生对数学的兴趣，并提高他们在学习过程中的动力。未来小学数学教育中培根数学强调问题导向的学习方法，通过解决真实世界中的问题来培养学生的实际问题解决能力，使数学更贴近实际生活，为学生的全面发展提供更为有趣和有效的学习途径。

二、探究性学习

小学阶段的培根数学将强调学生的主动探究，通过自主发现和实践，培养学生对数学的好奇心和兴趣。学生将有机会参与各种数学实践活动，从中深化对数学概念的理解。

培根数学将设计具有启发性的问题，鼓励学生主动提出问题、思考解决方案。这样的学习方式使学生能够通过自主探究来理解数学概念，培养他们对数学的好奇心。例如，通过提出日常生活中的问题，学生可以自主探究计算、测量等数学概念。学生将有机会参与各种实际的数学实践活动，如制作模型、进行测量、解决日常生活问题等。这样的实践活动不仅使数学变得更具体、更有趣，还让学生能够亲身体验数学的应用，从而深化对数学概念的理解。培根数学将设计探索性学习任务，鼓励学生通过实际操作和观察，发现数学规律。例如，在学习几何概念时，学生可以通过自主探索不同形状的特征，从而深入理解几何的基本概念。这样的学习方式培养了学生主动学习和发现的能力。考虑到每个学生学习风格和兴趣的不同，培根数学将提供个性化学习路径。学生可以根据自己的兴趣选择参与数学实践活动，从而更加主动地参与学习，促使他们在自主探究中深化对数学概念的理解。学生在实际活动中会犯错误，而培根数学将鼓励学生从错误中学习。通过分析错误的原因，学生将更深入地理解数学概念，并学会通过改进来提高解决问题的能力。学生将有机会在小组中进行数学实践活动，通过与同学合作解决问题，培养团队合作和社交学习的能力。这可以帮助学生从不同角度看待问题，并从彼此的经验中学到更多。强调主动探究和自主发现，培根数学在小学阶段将培养学生对数学的好奇心和兴趣，使学生能够更深入地理解数学概念，并在实际应用中培养积极的学习态度。这种学习方式将为学生在数学领域的全面发展奠定坚实的基础。

三、个性化学习路径

培根数学将采用个性化学习路径，根据每个学生的学习进度和兴趣，调整教学的内容和方式。这可以满足不同学生的学习需求，使每个学生都能在适合自己发展的方向上取得进步。

培根数学将采用先进的教育技术和评估工具，根据每个学生的学习进度、强项和弱项，制订个性化的学习计划。这样的计划将为每个学生设定具体的学习目标和路径，确保教学内容与学生的学习水平相匹配。在个性化学习路径中，培根数学将提供丰富而多样的适应性教学资源，包括数字化教材、互动性学习软件和多媒体教学工具。这些资源将根据学生的兴趣和学习风格进行调整，提供更符合个体需求的学习体验。学生在个性化学习路径中将能够以自己的学习速度前进。一些学生需要更多时间深入理解某一概念，而其他学生则能迅速掌握这些概念。培根数学将提供灵活的学习进度，确保每个学生都能够在适合自己的步调上前进。通过了解每个学生的兴趣爱好，培根数学将调整教学内容，使其更符合学生的实际兴趣。这可以激发学生的学习兴趣，使他们更积极地参与学习过程，并在感兴趣的领域中深化自己的数学理解。学生将收到定制的反馈和评估，以指导他们在学习中的发展。培根数学将根据每个学生的表现提供具体的建议，帮助他们理解自己的优势和需要改进之处，并为个体制订更有针对性的学习计划。培根数学将采用差异化教学策略，为每个学生提供适宜的挑战和支持。这样，高水平的学生可以在更深层次上探索数学，而有些学生则可以得到更多的支持，确保他们理解和掌握基本概念。个性化学习路径不仅涉及学校的教学，还需要与家庭密切合作。培根数学将通过定期的家长沟通和家庭作业，将学生在学校和家庭中的学习经验紧密结合，促使学生在不同环境中得到全面发展。通过这种个性化学习路径，培根数学将为学生提供更贴近他们个体需求的学习体验，促使每个学生在自己的学习路径上取得进步，并培养他们更为全面的数学能力。

四、技术与数学整合

未来培根数学课程将更加注重将技术融入数学学习中。通过使用数学软件、模拟工具和在线资源，学生将能够更直观地理解数学概念，培养数字时代所需的技术能力。

学生将有机会使用专门设计的数学软件和应用，这些工具能够以游戏化和互动的方式呈现数学概念。通过这些软件，学生可以进行虚拟实验、解决问题，并通过互动性的界面更轻松地理解抽象的数学概念，使学习过程更加生动有趣。小学阶段的培根数学将引入模拟工具，让学生通过模拟实际场景来理解数学概念。例如，使用虚拟尺子和量角器进行几何实验，通过模拟工具更直观地体验数学的应用，加深对数学概念的理解。学生将能够通过互联网访问丰富的在线数学资源，包括教学视频、互动课程、数字化教材等。这样的资源可以根据学生的学习进度和兴趣进行个性化选择，提供更多实例和解题方法，为学生提供更灵活多样的学习路径。学生将有机会参与虚拟实验和数学建模，利用技术工具模拟实际问题，提出假设并进行数学分析。通过这样的实践，学生不仅能够深入理解数学概念，还能培养解决实际问题的能力。未来培根数学课程引入基础的编程概念，让学生通过编程语言探索数学模型和算法。这种整合将培养学生的计算思维和逻辑思维，同时提高他们在数字时代所需的技术能力。学生将有机会参与设计和参与数学游戏，这可以将抽象的数学概念转化为有趣而实际的体验。通过设计游戏，学生能够更深入地理解数学规律，同时培养创造性思维和团队合作精神。技术的运用还将提供实时的学习反馈和个性化辅导。通过在线学习平台，教师可以更全面地了解每个学生的学习进度和困难点，为每个学生提供更个性化的辅导和支持。将技术融入数学学习，培根数学将激发学生对数学的兴趣，提供更直观、互动的学习体验，培养他们在数字时代所需的技术能力，为未来的学习和工作奠定坚实的基础。这种技术整合的方法不仅让学习更具趣味性，也更贴合学生在数字化时代成长的需求。

五、团队合作与沟通

在培根数学的框架下，学生将更多地参与团队合作项目，通过与同学合作解决问题，培养沟通、协作和领导技能。这可以为学生未来的职业和社会生活打下基础。

培根数学将设计具有团队合作性质的数学任务，要求学生共同思考、讨论和解决问题。这样的任务既涉及数学概念的理解和应用，又强调团队协作的重要性，为学生提供了全面的学习体验。学生在团队合作项目中将被要求扮演不同的角色，如组长、记录员、负责人等。通过这种分工，培根数学将培养学生的领导能力，帮助他们理解协作中每个成员的重要性，并学会有效的沟通和协调。团队合作项目将促使学生分享和交流数学思想，让他们学会将个体的观点整合到团队解决问题的过程中。这可以培养学生的表达能力、倾听他人观点的能力，使其提高沟通技巧。团队合作涉及解决复杂的问题，培养学生的问题解决能力和创造性思维。通过与同学共同思考解决方案，学生将学会从不同角度看待问题，培养灵活的思维方式。团队合作项目将帮助学生培养社会性技能，如尊重他人意见、合理表达自己的观点、接受反馈等。这对于学生未来在社会生活中的交往和合作具有重要的意义。在团队合作项目中，培根数学将采用项目式学习的方法，将数学知识应用于实际问题中。这样的学习方式使学生更好地理解数学的实际应用价值，同时培养他们在解决实际问题时的合作技能。在团队合作项目结束后，培根数学将鼓励学生进行反思和经验总结。通过回顾合作过程，学生能够认识到团队协作中的挑战和优势，为今后的学习和团队协作积累经验。在小学阶段实施团队合作项目，培根数学旨在培养学生的沟通、协作和领导技能，为他们未来的职业和社会生活打下基础。这种注重团队协作的教学方法不仅能够促进学科知识的学习，还能够培养学生在多元化社会中所需的综合能力。

未来小学数学教育中的培根数学将以培养学生的实际问题解决能力、创造性思维和团队协作精神为核心，使数学学习更加有趣、有深度，为学生的全面发展奠定坚实的基础。

参考文献

[1] 培根. 新工具 [M]. 许宝骙, 译. 北京: 商务印书馆, 1986.

[2] 培根. 学术的进展 [M]. 刘运同, 译. 上海: 上海人民出版社, 2007.

[3] 培根. 论古人的智慧 [M]. 刘小枫, 编, 李春长, 译. 北京: 华夏出版社, 2017.

[4] 余丽嫦. 培根及其哲学 [M]. 北京: 人民出版社, 1987.

[5] 金建国. 论培根的归纳逻辑 [J]. 云南社会科学, 1984(2): 45-53.

[6] 梁景时. 论培根的哲学思想及其历史地位 [J]. 通化师范学院学报, 2013(7): 71-77.

[7] 周建国. 近代归纳逻辑的第一个形态: 论培根的科学归纳法 [J]. 上海大学学报: 社会科学版, 1993(4): 44-49.

[8] 田心军. 简论培根对归纳逻辑的贡献 [J]. 中州学刊, 2000(2): 36-59.

[9] 李蜀人. 论弗兰西斯·培根科学主义认识论的作用和意义 [J]. 西南民族学院学报: 哲学社会科学版, 2002(3): 153-158.

[10] 彭漪涟. 试从培根的"形式"概念看培根归纳法的基本性质和特点 [J]. 江汉论坛, 1962(10): 26-29.

[11] 董文俊, 熊志勇. 评培根"科学归纳法"的理论地位 [J]. 求索, 2009(9): 91-93.

[12] 张立芹, 易凤林. 弗兰西斯·培根史学研究 [J]. 史学理论与史学史学刊, 2014(1): 232-248.

[13] 李金泳, 刘钢. 从培根的哲学批判看归纳法与演绎法的统一 [J]. 重庆科技学院学报: 社会科学版, 2011(16): 26-28.

[14] 张峰. 论培根归纳逻辑 [J]. 辽宁大学学报 (哲学社会科学版),2008,(2)：15-21.

[15] 孟令芳. 论惠威尔对培根归纳思想的继承与发展 [J]. 科学·经济·社会，2019(2)：36-41，48.

[16] 冯晶晶. 论培根的科学归纳法及其对当代中国科学经济发展的启示 [J]. 新经济，2021（2）：47-51.

[17] 王焕. 培根"新工具"：科学的归纳法 [J]. 小品文选刊：下，2017（8）：24.

[18] 李武林. 弗兰西斯·培根的"形式"学说 [J]. 文史哲，1986（6）：89-92，96.

[19] 张璋. 培根归纳法及其当代价值研究 [D]. 桂林：广西师范大学，2016.

[20] 石强. 论弗兰西斯·培根理性主义哲学思想 [J]. 学术探索，2020（6）：9-15.